1%의
영업자

백만 번의 거절에서 배운 영업의 정수

1%의 영업자

조영근 지음

FIRST CLASS

다산3.0

| 프롤로그 |

성공한 영업자에겐
성공의 이유가 분명히 있다

영업자는 배, 고객은 바다와 같습니다. 영업은 고객이라는 바다를 항해하며 성과를 내는 여정입니다. 아무리 크고 좋은 배라도 바다와 맞닿지 않으면 더 큰 대륙으로 나아갈 수 없겠지요. 저 역시 맨땅에 헤딩하듯 아무런 기반 없이 영업의 세계에 첫 발을 들였을 땐 마치 망망대해를 표류하는 것 같았습니다. 나름대로 치열하게 영업했지만, 되돌아보면 그저 방향을 몰라 우왕좌왕하던 날들이었습니다. 고객과의 만남을 두려워했고 고객도 그런 저를 불편해했으니 매번 거절당하는 게 당연했지요. 그러나 같은 조건에서도 상위 1%의 성과를 만들어내는 영업자는 있었습니다. 그들은 대체 어떻게 영업하는지 궁금했습니다. 어떻게 거절을 이겨내는 멘탈을 기를 수 있는지, 어떻게 고객에게 부담을 주지 않고 자연스럽게 대화할 수 있는지 알고 싶었습니다.

'저들과 나의 차이는 무엇일까. 왜 저들은 되고 나는 안 되는 걸까.'

고민 끝에 저는 상위 1%의 성과를 내는 영업자들을 관찰하기 시작했고 동시에 세계적인 영업자들의 저서를 독파해나갔습니다. 그러자 얼마 지나지 않아 놀라운 사실 하나를 깨닫게 되었습니다. 원하는 것을 성취하고, 목표를 결과로 만들어내는 상위 1%의 영업자들에게는 일정한 행동 패턴이 있다는 사실이었습니다. 발견의 감흥이 채 가시기도 전에 더 놀라운 변화가 찾아왔습니다. 일신우일신 日新又日新이라는 고사성어처럼 하루가 다르게 발전하는 제 자신을 발견하게 된 것입니다. 정말 하루하루가 달랐습니다. 제가 바뀌기 시작하자 자연스럽게 고객의 태도도 바뀌었고, 가장 많이 바뀐 건 바로 수입이었습니다. 이제야 단언하지만 성공한 영업자에겐 성공의 이유가 분명히 있었습니다. 그 사례와 노하우를 집약해 이 책에 담았습니다.

지금도 실적 압박과 고객의 거절에 멘탈이 무너져 업계를 떠나는 영업자들이 많습니다. 하지만 그들 대부분은 100도씨를 목전에 둔 99도씨의 물과 같습니다. 끓는점에 도달하는 마지막 1도씨의 순간을 인내하지 못해 열정의 불을 스스로 꺼뜨리고 있습니다. 저는 현재 회사를 나와 제 영업 경험을 바탕으로 이러한 영업자들을 코칭하는 '영업 멘탈 코치'이자 심心테크 메신저로 활동하면서 이들의 영업 성공을 돕고 있습니다. 어제보다 더 나은 내일을 위해 함께 목표를 설정하고 멘탈 강화 코칭을 진행하면서 시행착오를 더 큰 성공으로 바꾸어주고 있으며, 제 코칭을 거친 후 각자의 분야에서 눈부시게 활약하는 영업자들을 통해 제 자신을 증명하고 있습니다.

이제 누구에게나 영업력이 필요한 시대입니다. 지금 잘나가는 영업자라도 미래는 장담할 수 없으므로 언제나 자기계발에 최선을 다해야 합니다. 저 역시 오늘도 목표를 향해 쉴 새 없이 손과 발을 움직이려 노력합니다. 매일 아침 성공하고자 하는 마음을 담아 긍정일기를 쓰고, 일주일에 세 건의 성과를 목표로 하루도 빠짐없이 소식지를 만들어 고객들에게 배포합니다. 고객의 요구사항과 안부를 수시로 묻고, 더 좋은 정보를 전달하기 위해 매일 자료를 정리합니다. 새벽까지 고객과 상담하느라 남들이 출근하는 시간에 퇴근하기도 하지만 치열하게 노력하는 제 모습에 만족합니다. 당장 성과가 나오지 않을 때도 성공에 대한 확신이 있기에 최선을 다할 수 있습니다. 저를 신뢰해주는 고객들 덕분에 여기까지 왔고 앞으로도 잘 해나갈 수 있으리라 자신합니다. 앞으로도 고객 관리에 더욱 만전을 기하고 항상 얼굴을 마주보고 상담하며, 고객의 니즈를 해결하기 위한 핵심 솔루션을 제공하려 합니다.

주위 동료들로부터 많은 힘을 얻고 있습니다. 저를 신뢰해주는 당신들이 있어 제 일을 더 가치 있게 만들 수 있었습니다. 항상 아낌없는 조언을 주시는 10년 차 이상의 베테랑 영업자 선배님들께 감사드리며 저와 평생을 함께 한 사람들, 앞으로 함께할 사람들에게 이 책을 바치고 싶습니다.

조영근

| 차례 |

프롤로그 성공한 영업자에겐 성공의 이유가 분명히 있다

PART1
어떤 영업자가
억대 연봉을 받는가

01 상위 1% 영업자들의 행동 패턴 _14
02 평범한 영업자와 비범한 영업자의 차이 _22
03 초기 3개월의 인상이 3년의 성과를 좌우한다 _28
04 고객은 최소 여섯 번 거절한다 _32
05 졸보를 대장부로 만드는 이미지 트레이닝 _38
06 출근 전, 취침 전 5분이 인생을 바꾼다 _42

07 긍정적인 영업자는 무적이다 _50

08 시간 도둑을 잡아라, 나만의 시간을 확보하는 전략 _54

09 인간관계는 퍼즐 놀이다 _58

10 영업의 99%는 멘탈 싸움이다 _62

11 영업자의 첫 번째 고객, 동료를 사로잡는 여섯 가지 제스처 _66

12 마음을 사로잡는 엘리베이터 1분 스피치 _74

13 고객의 불평 속에 성공의 단서가 있다 _80

14 고객과 은밀한 동지가 되어라 _84

15 당신이 좋은 영업자인지 알려주는 열 가지 질문 _88

16 영혼 없는 영업자는 고객도 알아본다 _92

17 땀 흘리는 영업자는 언제나 옳다 _98

18 버스 같은 고객, 택시 같은 고객 _102

19 배우지 말고 가르쳐라 _106

20 영업을 해본 사람만이 알 수 있는 것들 _110

PART2
절대로 실패하지 않는
영업 불변의 법칙

01 고객의 심리를 이용한 다섯 가지 설득의 법칙 _116
02 속마음을 내뱉게 만드는 개방형 질문법 _124
03 1%의 영업자는 일류 배우처럼 말한다 _128
04 100장의 명함을 주고 50장의 명함을 수집하라 _132
05 감성을 건드리는 영업자의 문장력 _136
06 아우라가 느껴지는 프레젠테이션의 법칙 _142
07 오감을 자극하는 디테일 영업 _150
08 최면을 거는 영업자 _160
09 최악의 상황일수록 농담을 던져라 _166
10 두 배의 성과를 만드는 인내의 기술 _170
11 영업의 세계는 자유로운 감옥이다 _174

12 실적과 실력은 비례하지 않는다 _178

13 11년 연속 벤츠왕의 고객 관리 시스템 _182

14 영업자에게 공부가 필요할 때 _186

15 책 읽는 영업자가 고객의 마음을 읽는다 _190

16 작가로서의 영업자 _196

17 자신만의 잠재력을 깨우는 방법 _200

18 약속 T(시간) P(장소) O(상황) 4원칙 _204

19 약속의 미학 _212

20 1%의 영업자가 되려는 당신에게 _216

에필로그 영혼을 가꾸는 영업자만이 성공의 꽃을 피울 수 있다
참고도서

PART 1

어떤 영업자가 억대 연봉을 받는가

01
상위 1% 영업자들의
행동 패턴

"사람은 누구나 간절히 성공하고 싶어 합니다. 그런데도 성공한 사람보다 실패한 사람이 더 많은 이유는 뭘까요? 작은 성공에서 큰 성공으로 나아가지 못하고 오히려 작은 실패에서 큰 실패로 빠져버리기 때문입니다."

영업부는 회사에 직접적으로 돈을 벌어다 주는 부서다. 고객과 가장 가까운 위치에 있고, 경쟁 업체와 현장 일선에서 치열한 전쟁을 치르는 부서이기도 하다. 그러나 전장에는 나보다 더 뛰어난 장수들이 많다. 매년 수천만 원의 인센티브를 거머쥐는 영업자가 있는 반면 하루 벌어 하루 사는 영업자도 많다. 영업자라고 다 같은 영업자가 아닌 것이다. 처음 영업에 뛰어들었을 땐 내 뜻대로 안 되는 일투성이였고, 동료와 고객들의 외면과 무시를 견뎌야 했다. 잘나가는 이들을 시샘하기도 했고 유복한 환경 덕이라고 폄하하기도 했으며, 분명 뭔가 꿍꿍이속이 따로 있을 거라고 의심하기까지 했다. 과연 상위 1%의 영업자들은 무엇이 다르기에 이토록 수입 차이가 심하며, 어떻게 영업해야 나도 그들처럼 성공할 수 있을지 매일 밤 고민하던 시절이었다.

영업을 통해 인생의 전환을 맞이한 사람은 많다. 그중 미국 최고의 영업자 브라이언 트레이시 Brian Tracy가 대표적이다. 그의 강연을 듣고 있으면 영업이 얼마나 멋진 일인지 알게 된다. 고등학교 졸업장도 없이 자수성가한 그는 가난하고 힘들었던 시절 주로 공사장과 농장, 목장에서 일했다. 그는 학력이 낮은 이들이 영업을 통해 백만장자, 억만장자가 되는 모습을 보고 생각했다.

'지금처럼 인생을 방치하면 아무것도 바뀌지 않아. 나와 조건이 비슷한 이들도 억만장자가 되는 걸 봐. 나라고 못할 건 없어.'

그는 막노동만으로는 절대 부자가 될 수 없다는 걸 깨닫고 영업을 시작했다고 한다. 하지만 영업은 만만한 일이 아니었다. 연이은 실패로 좌절감에 빠져 있던 그는 어느 날 문득 자신에게 질문을 던졌다.

'왜 남보다 더 성공하는 사람이 있는 걸까?', '그들과 나의 차이는 대체 무엇일까?'

고급 자동차를 타고 명품 옷을 입으며 비싼 요리를 먹는 영업자들을 보며 자신도 그들처럼 되리라 굳게 다짐했다. 그는 상위 1%의 영업자들의 영업 노하우를 알아내기 위해 그들을 관찰하기 시작했는데, 그들의 기질과 태도에는 일치하는 부분이 많고, 동료들과 고객들로부터 동일한 감정과 반응을 이끌어내며, 다양한 상황을 유사한 방식으로 해결함으로써 원하는 결과를 얻어낸다는 사실을 발견했다. 브라이언은 그들의 행동 패턴을 연구하고 몸소 실천해보면서 온전히 자기 것으로 만드는 데 성공한 후 자신도 큰 성공을 거두었다. 큰 성취를 이룬 이들에게는 본인이 원하는 대로 인생을 이끌어가는 노하우가 있었던 것이다. 브라이언은 다음과 같이 말했다.

"사람은 누구나 간절히 성공하고 싶어 합니다. 그런데도 성공한 사람보다 실패한 사람이 더 많은 이유는 뭘까요? 작은 성공에서 큰 성공으로 나아가지 못하고 오히려 작은 실패에서 큰 실패로 빠져버리기 때문입니다."

그는 실패 속에서 성공으로 가는 단서를 발견하는 감각을 깨쳐야 한다고 말한다. 자신의 저서 『판매의 심리학』을 통해 본인의 영업 프로그램에 참여한 사람 중 백만장자가 된 이들을 예로 들며 작은 성공이 모여 더 큰 성공을 만드는 과정을 알려준다. 그는 현재 전 세계 수십만 명의 사람을 대상으로 세미나와 워크숍을 진행하고 있다.

성공한 이들의 행동을 관찰한 또 다른 인물로는 미국의 저명한 심리학자이자 브랜든 자존감 연구소 대표인 나다니엘 브랜든 Natbaniel Branden이 있다. 그가 말하는 성공한 사람의 공통적인 특성은 높은 자존감이다. 높은 자존감이야말로 인생의 성공을 부르는 핵심 열쇠라고 말한다. 그 외 많은 심리학자들도 능률이나 강인함과 같은 사회지능을 좌우하는 주요 요소로 자존감을 자주 언급해왔다.

영업을 하다 보면 자존감이 굉장히 낮아질 때가 있다. 특히 영업 조직 내부에는 외부 영업으로 인해 낮아진 자존감을 회복하기 위해 권위를 내세워 대우받으려는 이들이 있다. 낮은 자존감을 감추려 하다 보면 더 큰 문제가 발생한다. 본인 스스로에게 떳떳하지 못한 상태에서 타인에게 떳떳해 보이려 하기 때문이다. 부하 직원에게, 배우자에게, 자녀에게 화살을 돌리는 경우도 더러 있다. 또는 폭음을 하거나 타인을 해코지하거나 물건이나 음식에 집착하는 경우도 있다.

자존감은 실행력과도 직결된다. 미국에 최초의 개인용 컴퓨터가 출시되기 직전의 일이다. 당시 IBM의 회장은 메인보드가 다섯 개밖에 팔리지 않을 거라며 비관적인 태도를 보인 반면 빌 게이츠는 컴퓨터가 집집마다 놓일 거라고 반박했다. 지금은 어떤가? 컴퓨터가 없는 집을 찾기 힘든 시대다. 시대의 흐름을 읽고 무엇이 팔릴지 예견하는 것 역시 영업자에게 요구되는 자질이며 이를 위해서는 자존감에 기반을 둔 실행력이 필수다.

카이스트의 김대식 교수는 20년 후, 창의력이 필요 없는 직업은 모두 기계가 꿰차게 될 거라고 예견했다. 인공지능이 대신할 수 있는 업종에는 더 이상 사람이 필요 없어지는 것이다. 미래에는 사람만이 발휘할 수 있는 능력을 길러야 살아남을 수 있다. 사람은 온기가 담긴 따스한 언어에 감성적으로 반응하며 눈과 눈을 맞추고, 손끝이 맞닿아 있는 자리에 앉아 이야기를 나눌 때 가장 인간적이다. 그런 면에서 영업은 면대면 대화를 기반으로 하는 매우 인간적인 일이기 때문에, 관계 전문가이자 설득 전문가인 영업자의 역할은 더 귀해질 것이다. 하지만 수요가 늘어나면 기존의 영업 방식으로는 경쟁력이 부족할 수 있으니 항상 배우며 노력하는 자세를 길러야 한다.

내가 발견한 상위 1% 영업자들의 습관 중 가장 추천하고 싶은 습관은 '불만 장부' 만들기다. 말 그대로 고객의 불평불만을 수집하는 일이다. 고객의 불평은 다양성의 통로다. 한 마디의 불평 뒤에는 드러나지 않은 열 마디가 숨어 있기 때문에 사소한 불평도 놓치면 안 된다. 왜 우리 제품을 쓰지 않는지, 자사 서비스에 대해 어떻게 생각하는지, 영업자에게 어떤 아쉬움이 있는지를 알수 있는 기회다. 고객의 한 마디 한 마디를 절대 가볍게 여기지 말고 자신이 고객의 말을 어디까지 듣고 있는지 점검해보자.

나는 고객을 만나면 '이 고객의 상황에 맞는 영업은 무엇일까'라는 질문으로부터 내 모든 말과 행동을 결정한다. 불리한 조건을 뛰어넘어야 할 도전이라 받아들이고 우리하게 바꾸기 위해 노력한다. 다가올 시대의 영업자는 고객을 위해 어떤 역할을 해야 할까? 인터넷으로 대부분의 필요를 해결하는 시대이므로 더 이상 영업자가 필요치 않을 것 같지만, 나는 오히려 영업자의 역할이 점점 더 중요해질 거라고 생각한다. 구매 선택을 돕기 위해 좋은 제품과 서비스를 소개하는 컨설턴팅은 사람만이 할 수 있기 때문이다. 직접 눈으로 보고 겪은 것 이상의 체험은 없으며, 사람 사이에서 발생하는 신뢰와 소통은 인공적으로 만들어낼 수 없다. 그렇기에 영업자는 고객의 시간을 뺏고 귀찮게 하는 사람이 아니라 고객을 돕는 사람이라고 자부하고 고객의 파트너가 되어 성공을 돕겠다는 마음가짐을 갖춰야 한다.

당신의 성장이 곧 고객의 성장이라는 마음으로 고객을 대해야 한다. 그 어떤 영업자보다도 진정성 있는 태도로 고객의 니즈에 정확하게 대응한다면 고객도 당신에게 도움을 주려고 하지 않겠는가. 영업자의 에너지와 열정은 고객에게 고스란히 전해진다. 자신 안에 잠자고 있는 거인을 깨워 고객을 승자로 만드는 영업을 하기 바란다.

영업에 성공한 사람들의 강연과 저서를 통해 그들의 살아 숨쉬는 이야기를 직접 들어보자. 유튜브를 통해서도 가능하다. 물론 성공한 영업자들을 직접 만나거나 책을 통해 간접 경험을 하는 것도 중요하지만, 결국 영업자의 성장을 위한 가장 빠른 길은 그 어떤 조언보다도 고객과의 직접적인 만남이라는 사실 역시 잊지 않길 바란다.

> 영업자로서의 성공은
> 그 밖의 다른 어떤 분야보다
> 더 수준 높은 절제력과
> 결단력과 용기를 요구한다.
>
> **— 톰 버틀러 보던**

02

평범한 영업자와
비범한 영업자의 차이

"여러분이 고객이라면 성공한 영업자를 만나고 싶겠는가 아니면 그저 평범한 영업자를 만나고 싶겠는가?"

동양에서 가장 오래된 경전인 『주역周易』에는 이런 말이 있다.

"하늘의 도는 가득 채운 자에게서 덜어내어 겸손한 자에게 더하고, 땅의 도는 가득 찬 것을 바꾸어 겸손한 곳으로 흐르게 하며, 귀신은 가득 채운 자는 해치고 겸손한 자에게는 복을 주고, 사람의 도는 가득 찬 것을 싫어하며 겸손한 자를 좋아한다."

또 다른 고전인 『서경書經』에는 이런 말도 있다.

"자만하면 손해를 입고 겸손하면 이익을 보는 건 하늘의 도이다."

아무리 잘났어도 잘난 척을 하면 도와주기 싫어지는 법이다. 영업자에게 겸손만한 미덕은 없다. 장기적인 영업 성과를 위해서는 스스로를 낮추고, 끊임없이 배워 발전하려는 마음을 지녀야 한다. 처음부터 영업을 잘해서 영업하는 사람은 없다. 그저 영업을 잘하기 위해 영업하면 된다. 회사도 당장 영업을 잘할 것 같은 사람을 채용하는 게 아니다. 그보다는 앞으로 영업을 잘 해나갈 수 있을지 그 가능성을 가늠해보고 채용하는 것이다.

　사람은 누구나 잠재력을 가지고 있다. 일찍이 자신의 잠재력을 깨쳐 발휘하는 사람이 있는 반면 그러지 못한 채로 시간을 보내는 사람도 있다. 어째서 이런 차이가 발생하는 걸까. 많은 이유가 있겠지만, 경험상 서로 피드백을 주고받을 수 있는 동료가 있는 영업자가 비교적 자신의 잠재력을 빨리 발휘한다.

　나 역시 선배들로부터 영업에 대한 영감을 많이 받았다. 하루는 친한 선배가 맥주 한잔 하자고 해서 늦은 시간에 서울 본사로 갔다. 선배가 따뜻한 조언의 말투로 말했다.

　"실적 1등 하면 연간 인센티브가 웬만한 중소기업 연봉 이상인데, 너는 왜 간절히 바라지 않냐?"

　선배의 말에 내가 1등을 하겠다는 생각을 해본 적이 없다는 사실을 깨달았다. 1등만이 영업의 목적은 아니지만 확실히 좋은 동기가 된다. 그날 나는 귀갓길에 1등이 되어보겠다고 공표하는 문자를 선배에게 보냈다.

　훌륭한 상사는 평범한 후배 영업자를 비범한 영업자로 만드는 역할을 하지만 그들의 도움만으로는 부족하다. 잠재력을 발휘하기 위해 스스로 노력하는 게 먼저다. 그 방법 중 하나로 '비전 선언문' 쓰기가 있다. 그냥 생각나는 대로 적으면 된다. 남에게 보여주려고 쓰는 건 아니지만 예를 위해 내 것을 담았다.

비전 선언문

1. 나는 항상 마음을 담아 말하고 행동하며 모든 사람을 따뜻하게 대할 것이다.
2. 나는 사람들에게 용기 있게 다가가 솔직하게 생각을 전할 것이다.
3. 나는 긍정에너지의 크기를 점차 늘려나가 다른 사람들에게 나누어 줄 것이다.
4. 나는 사람을 미워하지 않을 것이며 미운받지 않기 위해서도 노력할 것이다.
5. 나는 실적 1등을 목표로 함과 동시에 구성원들이 일할 맛 나게 돕는 지도자 역할을 할 것이다.
6. 나는 1년 이내 두뇌, 리더십, 자기계발 관련 책을 읽고 글을 쓰며 전문성을 기를 것이다.
7. 나는 3년 이내에 후배 영업자를 코칭할 것이며 관대하고 유머러스한 분위기 메이커가 되어 동료들을 북돋워줄 것이다.
8. 나는 신뢰감 있는 목소리와 순수한 눈빛을 갖추고 진정성 있게 매일 나와의 대화 시간을 가질 것이다.
9. 나는 추구하는 가치를 항상 실천하려 노력할 것이며, 아래 작성한 목표 가치를 매일 마음에 새길 것이다.

목표 가치

1. 사랑 : 받는 일보다 주는 일에 힘쓰며, 다른 사람이 힘들 때 위로의 말을 건넬 것이다.
2. 정직 : 말과 행동을 일치시킬 것이다.
3. 용서 : 누군가 아무리 미운 말과 행동을 하더라도 똑같이 되받아치지 않을 것이다.
4. 재미 : 유머러스한 말과 행동으로 주변 사람들을 즐겁게 할 것이다.
5. 감동 : 공감을 통해 다른 사람의 마음을 움직일 것이다.

버킷리스트

1. 영업자로서 개인 저서 20권 이상 쓰기.
2. 영업 멘탈 코치로서 강연을 통해 영업자 1,000명 이상 키우기.
3. 포르셰 '카이엔' 구매하기.
4. 50평대 한강 조망 아파트 구입하기.

좋아하는 것을 잘하거나 잘하는 것을 좋아하기 위해서는 자신의 강점을 찾아야 한다. 자신만의 강점이 무엇이며, 스스로를 행동하게 하는 원동력은 무엇인지 성찰해야 한다. 강점과 동기는 큰 시너지를 발생시키기 때문에 스스로 질문하고 대답해보는 것이 좋다. 동기는 스스로 만들어나가야 한다. 단점은 과감히 잊어도 좋다. 단점을 보완하는 것보다 강점을 극대화하는 것이 성과에 더 도움이 된다. 비범한 영업자가 되겠다는 목표를 높이 세워야 한다. 가끔은 실패해도 괜찮다. 실패는 순간이다. 지금 이 순간도 곧 지나갈 것이고 모든 게 비범한 영업자가 되기 위해 성장하는 과정이라고 생각하라. 무엇보다도 자신의 강점에 초점을 맞춰 영업하는 것이 관건이다. 1%의 영업자는 모두 자신만의 강점이 있다. 그들을 벤치마킹하자.

지금 당장 성공하는 영업자들의 습관을 관찰하고 자신에게 맞는 습관을 선택한 뒤 될 때까지 반복하라. 여러분이 고객이라면 성공한 영업자를 만나고 싶겠는가 아니면 그저 평범한 영업자를 만나고 싶겠는가?

03

초기 3개월의 인상이
3년의 성과를 좌우한다

"스스로 자신의 가치를 낮게 평가하면 세상도 당신을 딱 그만큼의 가치로 평가한다. 잠재력을 발현하고 싶다면 자신의 가능성을 믿어야 한다."

고객이 영업자의 얼굴을 익히는 데 최소 3개월이 걸린다. 3개월 동안 매주 한 번씩 찾아간다고 계산했을 때 대략 10회는 마주쳐야 영업자의 이미지와 스타일을 인지할 수 있다. 얼굴도장을 잘 찍었다면 6개월이 된 시점부터 비즈니스를 시작하자. 9개월째에 고객이 영업자의 부탁을 흔쾌히 들어준다면 초기 3개월 동안 좋은 인상을 심는 데 성공했다고 보면 된다. 그렇게 1년이 지나 40회 정도 만났을 때가 영업 성과를 최대치까지 끌어올릴 수 있는 시기다.

3개월 단위로 1년 치 그래프를 그리면서 계획을 세워라. 너무 급할 필요는 없다. 영업자나 급하지 고객은 딱히 급하지 않다. 그렇다고 여유로운 건 또 아니다. 시간은 생각보다 빠르게 지나가기 때문에 한 번 고객을 만나더라도 임팩트 있게 만나야 한다. 만나는 시간보다는 깊이가 중요하다고 생각하라.

영업 초기 3개월에 인상을 강하게 심지 못하면 3년이 흘러도 성과는 비슷하다. 초기에 역량을 최대한 발휘해서 좋은 인상을 남기고 고객의 성향을 완벽히 파악해야 한다.

　의사인 고객을 만나기 위해 병원에서 세 시간 넘게 기다린 적이 있다. 그저 인사를 하기 위한 방문이었다. 대기 환자들이 엄청나게 많은 상황이어서 퇴근 무렵에야 만날 수 있었는데, 내가 끝까지 기다리는 모습을 보고 고객은 깜짝 놀라 '왜 지금까지 기다렸느냐'고 물었다. 그냥 인사드리고 싶어서 기다렸다고 말했다. 고객 입장에서는 조금 부담스러울 수 있으나 단지 기다리는 것만으로도 강한 인상을 주리라 확신했기 때문에 기다릴 수 있었다.

　고객은 영업자에게 쓰는 시간을 낭비라고 생각하면서도 제품 정보는 필요로 하기 때문에 영업자가 알아서 니즈를 파악해 필요한 정보를 선별한 후 간단히 요약해 전달해주면 기뻐한다. 지속적으로 좋은 정보를 제공하면 할수록 고객은 점점 영업자의 방문을 달갑게 여긴다.

　영업자가 고객을 중요하게 생각하는 만큼의 반만이라도 고객이 영업자를 생각해주면 그 영업은 성공이다. 그러기 위해선 상호 신뢰관계를 잘 쌓아야 한다. 상호 신뢰관계는 거래를 오래 지속하기 위한 필수 요소다. 신뢰관계를 쌓는 테크닉은 나의 저서 『세일즈, 불황을 이기는 기술』 3장에 구체적으로 나오니 참고하기 바란다. 신뢰관계에 확신이 생겼다면 이때부터는 비전을 공유해야 하는데, 달성하고자 하는 목표에 대해 고객과 충분한 대화를 나누고 이상적인 결과를 함께 그려야 한다. 그다음 고객에게 구체적인 액션에 대한 동의를 구하고 데드라인도 함께 설정한다. 고객의 목표를 이뤄주고자 하는 영업자의 열정이 고객을 끌어당긴다는 걸 명심하고 고객의 피드백을 항상 새겨듣기 바란다.

내 영업 코칭 프로그램은 오로지 1대 1로만 진행되는데, 책정된 수강료는 있으나 상황과 사람에 따라 그때그때 맞춤형으로 설정한다. 지금껏 코칭 만족도가 좋았던 비결은 고객 성향을 꼼꼼히 파악해 커리큘럼을 제안하고 프로그램을 진행하면서 발생하는 건의사항을 해소하는 데 심혈을 기울였기 때문이다.

코칭을 하면서 깨달은 사실은 자신의 분야에서 두각을 드러내는 영업자들에겐 모두 명확한 목표가 있다는 점이다. 성공적인 영업을 위해서는 우선 구체적인 목표를 설정해야 한다. 내 경우에는 다른 사람의 성공과 발전을 돕는 영업 코치가 되는 것이 목표다. 존 맥스웰 John C. Maxwell 목사는 다음과 같이 말했다.

"스스로 자신의 가치를 낮게 평가하면 세상도 당신을 딱 그만큼의 가치로 평가한다. 잠재력을 발현하고 싶다면 자신의 가능성을 믿어야 한다."

자신을 부정한다면 절대 긍정적인 결과를 얻기 힘들다. 최고의 영업자가 되겠다고 당당하게 외쳐라.

04
고객은
최소 여섯 번 거절한다

"나는 누군가를 만날 때마다 그가 나에게 보이지 않는 신호를 보내고 있다고 생각한다. '내가 중요한 사람이라고 느끼게 해주세요!' 그러면 나는 그 신호에 즉각적으로 반응하고, 그건 기적적인 효과를 가져온다."

영업자는 거절을 두려워하지 않는 마음을 갖춰야 한다. 고객과의 만남은 최소 여섯 번 정도로 계획해야 하는데, 그 이유는 일반적으로 고객이 거절하는 횟수가 최소 여섯 번이기 때문이다. 그러니 서너 번 정도 거절당했다고 지레짐작으로 '안 되겠구나'라며 포기하는 건 금물이다. 거절에 대한 두려움은 낮은 자존감으로 환원된다. 두려움은 잘 모르는 상대를 만나야 한다는 부담감으로부터 시작되기 때문에 먼저 '모른다'는 사실부터 받아들여야 한다. 하나씩 알아가면 그만이다. 이럴 때일수록 더욱 힘을 내라. 영업자가 고객과의 만남을 즐기기 시작하면 고객에게도 그 에너지가 전달되기 때문에 서로의 두려움이 상쇄되어 영업 성과는 증가한다. 여섯 번의 거절을 지나 영업을 성사시켰을 때 그 짜릿함이란 이루 말할 수 없다.

심리학의 대가 칼 로저스Carl Rogers는 '완전하게 기능하는 사람'의 특징은 '다른 사람의 의견에 부정적인 영향을 받지 않는 것'이라고 했다. 살다 보면 자신의 신념을 위해 의견을 강하게 밀

어붙여야 할 때도 있다. 적어도 그 순간에는 자신이 옳다고 생각하는 것을 끝까지 고수할 수 있어야 한다. 성공적인 영업은 고객의 반대에도 불구하고 결국 '예스'하게 만드는 것이다. 삳바만 놓지 않는다면 극복할 기회는 얼마든지 있음을 명심하고 지속적으로 도전하자.

두 번, 세 번 거절당한 후 네 번째 권유를 시도하는 영업자는 12퍼센트에 지나지 않는다고 한다. 하지만 그 12퍼센트의 영업자가 전체 수입의 80퍼센트를 차지한다는 사실을 알아야 한다. 수많은 사람이 당연히 포기해야 한다고 여기는 시점에도, 실패하리라는 고정관념에 갇히지 않고 새로운 도전에 나서는 사람만이 성공의 대열에 오른다.

고객의 거절에는 표면적인 이유와 심층적인 이유가 있다. 그중 심층적 이유를 잘 파악해야 한다.

제약 관련 심포지엄에 고객을 초청한 적이 있는데, 심포지엄 일자를 말씀드렸더니 그날은 자기 생일이고 심포지엄에 참석하면 가족들과 저녁식사를 할 수 없기 때문에 불참하겠다고 했다. 나는 때마침 좋은 생각이 떠올랐다. 고객에게 뒤풀이 참석은 의무가 아니기 때문에 심포지엄에 참석해도 충분히 가족과 시간을 보낼 수 있고, 심포지엄 측에서 제공하는 호텔에 투숙하면 무료로 다양한 생일 이벤트를 즐길 수 있으니 오히려 더 기억에 남는 생일이 될 거라 말씀드렸다.

그다음 호텔 측에 연락해 생일에 투숙하는 고객의 룸 업그레이드 여부를 물었다. 호텔 중에는 당일 생일인 고객에 한해 룸 업그레이드 서비스를 제공하는 곳들이 많다. 한술 더 떠 생일 케이크와 함께 샴페인, 초콜릿 등의 서비스도 요청했다. 사실 내가 이 호텔에서 서비스를 받아본 적이 있기 때문에 가능했다. 호텔 직원에게는 중요한 고객이라며 가능한 최대한의 서비스를 요청했고, 매니저에게 포장 서비스까지 약속받았다. 약간의 정보와 전화 몇 통만으로 고객에게 만족을 준 사례다. 주말이 지나고 다시 만난 고객은 내게 이렇게 말했다.

"호텔에 갔더니 룸도 업그레이드되고, 서비스도 너무 좋았습니다. 나보다 아내가 더 좋아했어요. 고맙습니다."

고객은 최근에 주말까지 강의를 다니느라 아내를 잘 챙기지 못한 것이 내심 마음에 걸려 심포지엄에 참석하지 않으려 했다. 그런데 오히려 심포지엄에 참석한 덕에 고급 호텔에서 서비스를 받으면서 편안하게 생일 저녁을 보냈고, 아내도 만족시켰다. 나도 덩달아 기분이 좋아졌다.

이처럼 거절은 언제나 표면적인 이유와 심층적인 이유로 나뉜다. 가격이 비싸다, 시간이 안 된다, 제품이 부실하다 등 표면적인 이유는 다양하다. 하지만 심층적인 이유를 파고들면 표면적인 이유는 그리 중요하지 않다는 것을 알게 된다. 심층적 거절 이유를 알아내어 해결해주면 고객은 스스로 영업자를 위해 움직인다.

영업 초기의 실패 탓에 자신감이 떨어져 의욕을 잃어버리는 영업자를 많이 봤다. 성과가 없으면 더욱 그렇다. 영업 초기의 실패 원인은 대부분 두려움 때문이다. 본인은 할 만큼 했다고 생각하지만 지레 겁먹고 제대로 시도하지 않은 경우가 더 많다. 두려움이 시야를 가려 자기 자신을 제대로 살펴볼 수 없는 상태라면 실패는 이미 결정된 것과 같다. 주변 사람들에게 자신의 실패를 합리화하는 사람을 볼 때면 조금 안타깝다.

자세를 낮추면 오히려 원하는 것을 얻기가 쉬워진다. 종종 고객에게 자신만 아는 정보를 자랑하듯 쏟아붓는 영업자를 볼 수 있는데, 그들은 고객 입장이 아니라 자신의 입장에서만 영업하는 영업자다. 영업의 기본은 고객의 입장을 이해하려는 마음가짐이다. 미국에서 메리 케이 화장품으로 성공한 사업가인 메리 케이 애시Mary Kay Ash는 이렇게 말했다.

"사람은 누구나 특별하다. 나는 이 사실을 진지하게 받아들인다. 우리는 모두 자신을 중요한 사람이라고 느끼고 싶어 한다. 그만큼 다른 사람도 그렇게 느끼도록 해주어야 한다. 나는 누군가를 만날 때마다 그가 나에게 보이지 않는 신호를 보내고 있다고 생각한다. '내가 중요한 사람이라고 느끼게 해주세요!' 그러면 나는 그 신호에 즉각적으로 반응하고, 그건 기적적인 효과를 가져온다."

그녀는 고객에게 우선적으로 관심을 보이고 고객 자신이 중요한 사람이라 느끼도록 만드는 일에 초점을 맞추라고 말한다. 고객이 어떤 감정을 느끼고 있는지는 진심 어린 관심을 갖지 않으면 알기 힘들다. 영업자가 자신의 관심사와 감정을 공감해준다면 고객 입장에서 기분이 어떻겠는가? 영업자와 더 얘기하고 싶고, 아는 정보가 있으면 더 말해주고 싶지 않겠는가? 영업자는 타고나는 것이 아니다. 거절과 냉대, 좌절과 깨달음의 지난한 과정을 거쳐 서서히 만들어진다. 당신이 이제 막 시작한 영업자라면 너무 급하게 생각하지 말았으면 한다. 누구나 처음부터 잘할 수는 없다. 일단 여섯 번의 거절에 상처받지 않는 연습부터 시작하라. 그러다 보면 언젠가 여섯 번까지 참지 않아도 되는 시기가 무조건 온다.

05
졸보를 대장부로 만드는
이미지 트레이닝

"고객의 반응을 경우로 나눠 '대화 시나리오'를 미리 짜 놓으면 쉽게 설득할 수 있다."

사람은 생각을 의식적으로 만들어낼 수 있다. 잠들기 직전의 기분이나 생각은 자는 동안 무의식에 스며들기 때문에 근심 걱정을 품고 잠들면 수면 중에도 정신이 쉬지 못해 다음 날 하루 종일 찌뿌둥하고 컨디션이 좋지 않다. 반대로 긍정적인 생각을 품고 잠들면 다음 날 컨디션도 좋고 일도 잘 된다. 긍정적인 마인드 세팅을 위해서 취침 전 막간 명상을 해보자. 성공한 사람들의 모습을 자신에게 대입시켜 멋지게 변신한 내 모습을 바라보는 제삼자의 시선을 상상해보자. 이러한 이미지 트레이닝은 상상력을 이용한 리허설과 같다. 뇌는 상상과 현실을 구분하지 못해 상상하는 것만으로도 직접 체험한 것과 똑같은 신경 반응을 일으킨다. 스포츠 업계에는 이미 이미지 트레이닝의 효과가 입증됐으며, 장미란 선수도 매일 이미지 트레이닝 의자에 앉아 금메달을 따는 모습을 상상했다고 한다. 골프 선수 잭 니콜라우스Jack William Nicklaus도 퍼팅하기 전에 볼이 퍼팅 라인을 따라 홀까지 굴러가는 모습을 상상한 뒤, 반대로 볼이 홀에서 나와 다시 퍼팅라인을 되돌아와 자신 앞에 멈추는 모습을 상상하며 연습했다고 한다.

나도 이미지 트레이닝을 활용한 리허설을 자주 한다. 신입사원 시절에는 고객과 유창하게 대화하지 못했고 제품을 설명할 때도 딱딱한 말씨에 자신감이 없었다. 그래서 리허설을 시작했다. 고객에게 맞는 적절한 단어를 선택해 유창하게 얘기하는 내 모습을 상상했고 성공했을 때의 짜릿함을 떠올리며 끊임없이 연습하다 보니 실제로 자신감이 생겼다. 일단 자신감이 생기는 것만으로도 영업이 재미있어졌고 왠지 잘할 수 있을 것만 같은 희망이 생겼다.

짬이 날 때마다 고객에게 던질 멘트를 떠올리자. 지난 방문을 떠올리며 이번 방문 때 말할 내용을 정리하자. 고객이 어떤 식으로 반응할지 미리 알고 시작하는 것만큼 실전에 좋은 상황은 없다. 고객의 반응을 경우로 나눠 '대화 시나리오'를 미리 짜 놓으면 쉽게 설득할 수 있다. 반드시 하루 세 명의 고객에게 제품에 대해 구체적으로 이야기하자. 어느새 자신감 없는 신입 티를 벗고 능숙한 베타랑 영업자의 모습을 띄게 될 것이다.

나는 여전히 어릴 적 동경하던 마이티마우스처럼 힘이 세고, 멋진 눈과 목소리를 가진 사람이 되기를 소망한다. 잠들기 전 명상을 이용한 이미지 트레이닝으로 잠재의식에게 일거리를 던져

주어 긍정적인 정신력을 더욱 강화한다.

어떠한 일도 힘들기는 마찬가지다. 힘들다는 사실은 바꿀 수 없지만 그것을 받아들이는 마음은 바꿀 수 있다. 웃고 싶다는 강한 소망이 있으면 정말 웃을 수 있다. 때론 울더라도 언젠간 다시 웃게 된다는 사실을 알고 있다면 웃음을 잃지 않을 수 있다. 그렇기 때문에 영업은 여전히 나의 일상을 웃게 만든다.

06
출근 전, 취침 전 5분이 인생을 바꾼다

"다른 사람이 시키니까 억지로 하는 것이 아닌, 자신의 잠재의식 안에 있는 불안과 불신, 두려움을 인식하고 몸과 마음을 스스로 통제해야 한다. 그래야 원하는 대로, 말하는 대로 진심이 담긴 영업을 할 수 있다."

나는 아침마다 긍정일기를 쓰며 내 안에 있는 긍정에너지를 끌어올린다. 부정적인 생각들을 긍정적으로 바꾸는 과정을 거치면 영업에 지칠 때마다 다시금 힘을 북돋울 수 있다. 자신의 잠재력을 최대한으로 이끌어내는 일부터가 성공의 시작이다. 그래서 나는 매일 아침 긍정일기를 쓴다. 일기장에 직접 손 글씨를 쓰면 아날로그적이고 인간적인 감성이 솟아난다. 연애 편지가 쓰고 싶어지고, 부모님과 친구에게도 편지를 보내고 싶어진다. 아버지께서 글씨는 '마음의 모양'이라 하셨지만 나는 어릴 적부터 글씨를 잘 못썼다. 마음이 바르지 못하면 글씨도 바르지 않다고 하셨지만 나는 믿지 않았다. 내가 대학생이 될 즈음엔 종이와 펜이 사라지고 모든 자료가 전자문서일 거라 믿었다. 그래서 더욱 손 글씨는 중요치 않다고 생각했다. 그런데 이게 웬걸, 세상이 발전할수록 손 글씨는 인간적 감성을 느낄 수 있는 도구로써 더욱 가치가 생겼다. 종이에 자신만의 필체로 글을 쓰는 행위가 주는 만족감은 워드프로세서에서는 느낄 수 없다. 다 쓰고 나서 마침표나 느낌표를 찍을 때의 보람은 중독성 있다.

이왕 긍정일기를 쓰기 시작했다면 아침마다 규칙적으로 하는 게 좋다. 나는 나만의 색깔을 찾고자 긍정일기를 쓰는데, 쓰지 않았을 때는 모르고 지나쳤을 내면의 목소리가 들리기 때문이다. 처음엔 지키기 힘들었지만 글이 쌓이는 즐거움을 알게 되어 이제는 억지로 쓰려 하지 않아도 알아서 쓰게 된다.

긍정일기를 쓰고 난 후로 태도도 조금씩 바뀌기 시작했는데, 예전에는 사람들의 말에 동조만 하고 분위기를 맞춰나가는 데 급급했다면 이제는 당당하게 내 의견을 피력한다. 아침마다 생각을 정리한 덕에 긴 고민 없이 술술 말하는 내 모습을 본 동료들은 나를 재평가하기 시작했고, 그때그때 어떤 일에 집중해야 하는지가 명확해져 업무 집중도도 높아졌다.

또한 조직생활에 찌들어 술과 담배로 점철됐던 못난 나날을 긍정일기로 극복해 이제는 술, 담배를 끊은 건 물론이고 성격까지 차분해졌다. 주변 사람들은 술을 끊었다고 하니 어떻게 영업을 하면서 술을 안 마실 수가 있냐며 놀라워했다. 나는 그들에게 묻고 싶다. 술을 많이 마셔서 성과가 좋아졌는지, 술을 안 마셔서 성과가 나빠졌는지 말이다.

많은 영업자가 영업을 위해서라기보다는 단지 습관처럼 술을 마신다. 내 경우 술을 마시면 몸과 마음이 너무 힘들었고, 필름도 자주 끊겼기 때문에, 더 이상 마시지 않겠다고 매니저와 주변 동료들에게 날을 잡아 이야기했다.

"술은 제게 독약 같습니다. 술이 제 몸에 잘 안 맞는다는 사실을 최근에야 깨달았습니다. 이미 너무 많이 마셨는지도 모르겠습니다. 이제는 조금만 마셔도 토합니다. 저는 술자리보다 커피 한 잔 하면서 이야기하는 게 훨씬 좋습니다."

지금도 술을 입에 대지 않지만 얼마든지 술자리에서 함께 이야기하고 어울리고 있다. "몸이 좋지 않아 술을 못 마시니 이해해 주시기 바랍니다"라고 한마디만 하면 대부분은 이해한다.

조직에서는 의견을 명확히 말하는 것이 중요한데, 솔직하게 속마음을 이야기하면 왠지 손해 볼 것 같지만 달리 보면 일관성 있고 주체적인 모습을 어필하는 방법이기도 하다. 술을 안 마신다고 관계가 나빠질 일은 전혀 없다. 그 정도로 틀어질 사이였으면 술을 마셔도 마찬가지였을 확률이 높다. 최근 국내 기업문화도 많이 변해서 술을 억지로 권하지 않는다. 오히려 술 탓에 업무를 망친 사례가 많다는 것을 잘 알고 있다.

예전부터 알고 지내온 친한 선배가 있는데, 가정도 꾸리고 승진에도 성공한 선배여서 잘 지내고 있는 듯 보였다. 하지만 선배에게는 목표가 없었다. 목표가 무엇이냐고 물었더니 특별히 없다고 말했다. 예전에는 마케팅을 하고 싶다고 했는데, 그 이유도

"그냥 멋진 커리어 우먼 같잖아?"였다.

영업을 10년 가까이 해온 사람인데도 딱히 자신만의 목표를 찾지 못하는 이유가 뭘까. 어쩌면 막상 하고 싶은 일에는 관심이 없고, 그저 주변 사람들에게 보이는 표면적인 것에만 관심이 있어서인지 모른다. 진짜 목표는 내면에 끓어오르는 강한 울림을 통해서만 느낄 수 있다. 진정한 자신을 알아야만 찾을 수 있는 것이다. 그래서 선배에게도 긍정일기를 추천했다.

후배도 한 명 있었다. 내·외부로 영업을 참 싹싹하게 잘하던 후배였는데, 이 친구가 힘들어할 때마다 나는 내 실패 경험을 이야기해줬다. 내 전철을 밟지 않았으면 하는 마음에서였다. 후배에게도 긍정일기를 쓰라고 권하면서 방법을 알려줬다.

- 매일 5분간 아침에 일어나자마자 혹은 일하기 직전에 적는다.
- 오늘 할 일을 나열한다.
- 이루고자 하는 목표를 나열한다.
- 달력에 다른 사람도 볼 수 있게 표기하고 월별로 스스로 평가한다.

많은 사람이 긍정일기를 통해 매일 자신의 생각을 정리하고 잠재력을 깨워 진정한 자신의 모습으로 거듭날 수 있기를 기원한다. 껍데기만이 아닌, 다른 사람이 시키니까 억지로 하는 것이 아닌, 자신의 잠재의식 안에 있는 불안과 불신, 두려움을 인식하고 몸과 마음을 스스로 통제해야 한다. 그래야 원하는 대로, 말하는 대로 진심이 담긴 영업을 할 수 있다.

잠을 비교적 덜 자도 남들과 똑같이 생활할 수 있는 사람들이 있다. 앨론 머스크, 빌 게이츠는 하루에 여섯 시간 이하로 잠을 자면서도 매주 100시간 이상의 업무를 수행한다고 한다. 적정 수면 시간은 사람마다 다르다. 어떤 이들은 아침 시간에 집중력이 더 좋고, 어떤 이들은 야간에 집중력이 더 좋다. 어찌 됐건 수면은 누구에게나 중요하다. 윌리엄 셰익스피어는 좋은 수면을 '자연이 인간에게 선물한 살뜰하고 그리운 간호사'라고 표현했다. 이미 수면과 기억에 관련된 연구 결과가 많은데, 이러한 연구들은 우리가 경험하고 느끼는 것들을 과학적으로 뒷받침해준다. 잠을 자는 동안 뇌의 해마와 전두엽이 무의식중에 일어나는 일들을 처리하는데, 해마는 마치 USB 메모리처럼 단기 기억을 일정 시간 저장했다가 지우기를 반복한다. 장기 기억은 전두엽으로 옮겨간다. 이는 데이터를 USB 메모리에서 대용량 하드디스크로 옮기는 과정과 같은 원리다. 이렇게 기억이 이동하는 동안 유용한 정보는 선별되고 불필요한 기억은 지워진다.

따라서 자기 직전에 어떤 생각을 하는지가 중요하다. 긍정적인 생각을 하면서 잠들면 수면하는 동안 전두엽에 긍정에너지가

장기적으로 저장될 확률이 높아지고 다음 날 컨디션이 확연히 달라진다. 잠들기 전의 막간 명상을 통한 생생한 간접 체험은 자는 동안 유용한 정보로 선별되어 정신력을 강화시킨다.

취침 5분 전의 생각은 꿈에 직접적인 영향을 주고 그 영향은 아침까지 이어진다. 간혹 아침에 뭔가 어렴풋한 기억이 맴돌아 일어나기 힘든 경우가 있지 않은가. 나는 눈을 뜨자마자 휴대폰이나 종이에 그 기억들을 적는다. 누군가 수면 상태의 생각을 기록하는 기계를 발명한다면 꼭 사겠다.

취침 전 명상을 매일 반복하기는 쉽지 않다. 생각은 확산적이다. 집중적이지 않다. 꼬리에 꼬리를 무는 망상들이 달려드는 상황에서는 한 가지 생각에 집중하기 힘들다. 생각을 길게 하는 연습을 해야 한다. 호흡이 짧은 생각으로는 원하는 결과에 도달하지 못한다. 생각하는 연습을 반복하라. 처음에는 3분도 어려울 테지만 3일이 지나면 변화가 찾아오고 3주가 지나면 습관으로 자리 잡게 될 것이다.

늘 종이와 펜을 가지고 다녀라,
정보의 입력과 추출에서 메모보다
더 좋은 기억 매체는 없다.

- 스즈키 야스토모

07

긍정적인
영업자는 무적이다

"우리 시대의 가장 위대한 발견은 내면의 태도를 바꿈으로써 외부의 삶까지
바꿀 수 있다는 사실을 알아낸 것이다."

영업의 세계는 마치 기 센 사람만 골라 모아 놓은 전쟁터 같다. 감정적인 기 싸움이 심해 어지간한 멘탈로는 버티기가 힘들다. 하지만 타고난 지략가, 싸움꾼, 승부사들마저도 쉽게 건드리지 못하는 타입의 영업자가 있으니, 바로 긍정적인 영업자다. 긍정적인 영업자는 상대방이 뿜어내는 감정 때문에 괴로워하지 않으며 실적 경쟁이나 감정적으로 우위에 서는 일에 관심이 없기 때문에 오히려 상대방으로 하여금 전투력을 상실하게 만든다.

반대로 영업자 중에는 다른 영업자에 비해 특별히 힘든 업무를 맡은 것도 아니면서 불평과 불만, 비난만을 일삼는 이들이 있다. 분위기는 흐릴 대로 흐리면서 절대 회사를 그만두지는 않는 것이 이들 부류의 특징이다. 나는 이들을 '썩은 사과'라고 부른다. 원래 썩은 사과들이 조직에 가장 오래 남아 있기 마련이다. 조직을 떠나면 마땅히 자신을 증명할 곳이 없기 때문이다. 내가 보기엔 그들이 하는 일이라고는 험담, 사내정치, 능력 있는 부하 직원

옥죄기 정도다. 더 가관인 것은 그런 자신의 행동이 조직을 위하는 행동이라는 자기최면에 빠져 있다는 점이다. 그렇다고 고객에게 잘하냐 하면 또 그렇지도 않다. 안에서 새는 바가지 밖에서도 샌다. 그들은 언제나 자신의 불평불만을 남 탓으로 돌리지만 사실 모든 문제의 요소는 자기 자신에게서 나온다. 이들이 뿜어내는 부정적인 에너지는 타인에게까지 전염될 확률이 높기 때문에 이 '썩은 사과'들과는 적당히 거리를 두는 편이 현명하다. 하지만 이들도 처음부터 이렇지는 않았을 것이다. 이 치열한 업계에서 살아남기 위한 일종의 방어기제가 좋지 않은 방식으로 자리 잡은 것일 수 있다. 그러니 누구나 이들처럼 변할 수 있다는 생각으로 항상 자신 안에 자라고 있는 '썩은 사과'를 견제해야 한다.

통상 백 명의 고객에게 영업을 시도해서 열 명의 고객과 약속을 잡았을 때, 계약까지 성사되는 고객은 한 명 정도다. 거기에 고객 한 명당 평균 여섯 번의 거절을 한다고 치면 아무리 영업자에게 거절은 일상이라지만 영업자도 사람인지라 조금씩 지쳐가고, 사람 자체에 염증이 생기기도 한다. 이런 이유로 내성과 회복력은 영업자에게 꼭 필요한 요소라 긍정적인 성향이 중요할 수밖에 없다.

긍정을 기르기 위한 방법으로 자신이 애초에 긍정적인 사람이라고 믿어버리는 법도 있다. 나는 뻔뻔하게 '긍정에너지 크리에이터'라는 닉네임으로 블로그 활동을 하기도 했다. 그러다 보면 역으로 여태껏 몰랐던 자신의 부정적인 모습을 발견할 수 있게 된다. 내 경우에는 자기 비난이 심했다. 좀 더 잘해보기 위해, 나아지기 위해서였지만 결과적으로 도움이 되질 않았다. 차라리 조금 무책임하다 싶을 정도로 나는 잘 하고 있고, 잘 될 거고, 좋은 사람이고, 사랑받을 만한 사람이라고 생각해버리는 쪽이 더 낫다는 사실을 몸소 체험했다. 이러한 긍정에너지는 타인에게도 그대로 전해지기 때문에 나 자신의 변화보다도 나를 대하는 상대방의 태도 변화가 더 확연해진다.

로또 당첨자 중 약 93퍼센트가 당첨 전보다 불행해졌다고 한다. 무조건 돈이 행복을 보장해주지는 않는다는 말이다. 그보다는 내면적인 변화가 더 중요하다. 하버드 대학교의 윌리엄 제임스William James 교수는 이렇게 말했다.

"우리 시대의 가장 위대한 발견은 내면의 태도를 바꿈으로써 외부의 삶까지 바꿀 수 있다는 사실을 알아낸 것이다."

사람은 생각하는 대로, 말하는 대로 자신의 세계를 만들어낼 수 있다. 성공할 거라고 긍정한다면 성공할 수 있으며, 무엇보다 자기 스스로의 성공 가능성에 미리 제한을 둘 필요는 없다는 것을 명심해야 한다.

08

시간 도둑을 잡아라
나만의 시간을 확보하는 전략

"영업이라고 특별히 다른 직업보다 치열할 것도 없다. 일반 직장에서 월급 받으면서 스트레스받으나, 공무원 되려고 공부하며 스트레스받으나 힘든 건 매한가지다. 그러나 이 중 부자가 될 확률이 가장 높은 직업은 당연히 영업이다."

삼성의 한 임원은 출근 전 30분 동안 책상에 앉아 그날 해야 할 일들을 떠올린다고 한다. 그는 특히 고위직으로 올라갈수록 이 30분의 힘이 더욱 커진다고 말한다. 그저 오늘 할 일을 잠시 생각하는 거니 산책을 하거나, 운전을 하거나, 대중교통으로 출근하면서도 가능하다. 영업자는 남는 시간을 흘려보내지 않고 짬이 날 때마다 앞으로 할 일과 하고 싶은 일, 해왔던 일을 정리하며 마음을 다잡아야 한다. 나도 매일 아침 일정을 정리할 때 아이디어가 가장 잘 떠오르고 고객과 나눌 대화 시나리오가 술술 그려진다.

영업자에게 철저한 시간 관리는 필수다. 하지만 놀랍게도 대부분의 영업자들이 하루 중 20퍼센트 정도의 시간만 영업 활동에 투자한다고 한다. 24시간 중 20퍼센트면 4.8시간밖에 되지 않는다. 기본적으로 40퍼센트, 즉 약 9.6시간은 열과 성을 다해 영업해야 한다. 이는 대부분 직장인들이 회사에서 보내는 시간과 비슷하다. 당신이 하루 중 몇 퍼센트의 시간을 영업에 투자하고 있는지 엄격하게 체크해보기 바란다.

    그리고 나머지 개인 시간 중 3분의 1은 반드시 자기계발에 투자해야 한다. 나는 매일 아침 긍정일기를 쓰면서 규칙적으로 하루를 시작한다. 오전 6시에 일어나 한 시간 정도 책을 읽고 글을 쓴 뒤 7시 30분에 집에서 출발해 8시 30분 전에 거래처에 도착한다. 잠이 부족하다고 느껴지면 30분에서 한 시간 정도 낮잠을 잔다. 퇴근 후에는 두 시간 동안 책을 읽고 글을 쓴다. 만약 집안일이나 야근 등의 이유로 자기계발이 힘들다면 이동하는 차량에서, 혹은 지하철이나 버스 안에서 10분이라도 짬을 내 책을 읽기 바란다. 너무 잠깐이라 무슨 효과가 있겠나 싶겠지만 일주일이면 한 권이 뚝딱이다. 또는 휴대폰이나 휴대 기기에 영어 음성 파일을 넣고 듣는 것도 좋다.

    영업자들은 도로에 기름이 아닌 시간을 흘리고 다닌다. 돈보다는 시간을 잘 활용할 방법을 강구해야 한다. 장거리 출장을 가면 자신이 왠지 열심히 일하는 것 같다고 착각하기 쉽다. 그저 이동하는 행위가 일하고 있다는 착각을 불러일으키는 것이다. 이런 비효율적인 착각들만 견제해도 성과는 크게 향상된다. 영업 성과는 수입과 직결되니 돈보다 시간을 잘 관리하기 바란다. 영업이라고 특별히 다른 직업보다 치열할 것도 없다. 일반 직장에서 월급 받으면서 스트레스받으나, 공무원 되려고 공부하며 스트레스받으나 힘든 건 매한가지다. 그러나 이 중 부자가 될 확률이 가장 높은 직업은 당연히 영업이다. 그리고 강조해서 이야기하지만 영업하는 사람은 자기 사업을 하는 사람이고, 자기 사업을 하는 사람이 곧 영업하는 사람이다. 스스로를 걸어 다니는 사업체라고 생각해야 한다.

09
인간관계는
퍼즐 놀이다

"고객도 사람이라 영업자와 좋은 인연을 맺고 싶어 한다. 영업자는 결국 외로운 직업일지도 모르지만 주변에는 항상 고객들이 기다리고 있다는 걸 유념해야 한다."

중국에는 꽌시关系라는 단어가 있다. 중국 비즈니스의 핵심 키워드인 꽌시는 관계를 중시하는 중국인들을 대변하는 단어라 해도 과언이 아니다. 중국 관료 사회에서는 출신을 중요한 판단 지침으로 삼는다. 한국도 비슷한 면이 있으며, 15억 중국 시장의 인간관계를 들여다보면 영업 성공 요소 역시 관계에 있음을 알 수 있다.

영업자 역시 관계 능력을 길러야 한다. 사람들과 편하게 대화하는 능력은 영업자의 필수 역량이며, 도움을 주고받을 수 있는 사람과 연계하는 기술도 업무상의 강점이다. 혼자 풀 수 없는 문제는 인적 네트워크를 통해 도움을 청해가며 해결해야 한다. 동료 영업자의 노하우를 잘 이용하면 큰 시너지를 낼 수 있다. 예를 들면 나는 유명한 악성 고객의 공략법을 아는 다른 지역 영업자에게 도움을 받아 함께 문제를 해결한 적도 있다.

온라인을 통한 관계 구축에 좋은 채널은 페이스북이다. 페이스북 이전에도 온라인 네트워크는 많이 존재했다. 소셜넷이라는 이름의 네트워킹 서비스가 있었는데, 가상의 캐릭터를 이용한 네트워크 플랫폼이었다. 프리챌, 세이클럽 등도 유명했다. 싸이월드 창업자 이동형 사장은 취업 준비생 시절 백수로 지내면서 친구의 중요성을 깨달았다고 한다. 홀로 외롭게 지내면서 자신 안의 관계를 맺고 싶어 하는 강한 열망을 발견했고, 이를 비즈니스로 발전시켰다. 한 청년의 외로움으로부터 싸이월드가 탄생한 것이다.

제품을 들고 다니며 가정이나 모임 등에 판매하는 형식을 대표하던 화장품 영업도 이제는 네트워크 마케팅을 기반으로 한 조직망으로 판매 범위를 넓히고 있다. 네트워크 마케팅은 고객뿐 아니라 같이 일하는 동료를 통해서도 달성된다. 그 편이 훨씬 많은 성과를 만들어낼 수 있다. 이처럼 네트워킹 수단이나 형식을 이용한 영업도 중요하지만 결국 영업의 출발이자 종착역은 면대면 영업이다.

만약 당신이 거절에 대한 두려움을 가지고 있는 영업자라면 우선 고객과 자신의 관계가 어느 정도 밀착되어 있는지 잘 가늠해봐야 한다. 사람은 정서적 관계가 형성되어야 상대방에게 마음을 연다. 나는 예전에 필요치 않은 물건을 산 적이 있는데, 고가의 티셔츠와 반바지였다. 그냥 일반적인 상황이었다면 절대 사지 않았을 텐데 그때는 왠지 물건을 팔던 사장님의 말을 계속 듣게 됐다. 그분은 계속해서 나를 유혹했고 나는 결국 아무짝에도 쓸모 없는 티셔츠와 반바지를 구매했다. 심지어 사이즈도 안 맞아 한 번도 입지 못했다. 내가 그 옷을 산 이유는 물건 때문이 아니라 열정적으로 설명했던 사장님 때문이었다. 입지도 않을 옷을 사고도 사장님과는 몇 번 더 만나 친해졌다. 그냥 그분이 마음에 든 것이다. 그 잠깐 사이 정서적 관계가 형성되지 않았다면 내가 물건을 샀을 리가 없다.

고객도 사람이라 영업자와 좋은 인연을 맺고 싶어 한다. 영업자는 결국 외로운 직업일지도 모르지만 주변에는 항상 고객들이 기다리고 있다는 걸 유념해야 한다. 성공적인 영업은 성과를 내는 계단 오르기라기보다는 고객들과의 관계망을 형성하는 퍼즐 맞추기에 가깝다. 관계의 퍼즐을 잘 맞추면 영업은 자연스럽게 성공한다.

10
영업의 99%는 멘탈 싸움이다

"상처를 가진 모든 영업자들에게 축복을 보내며 이겨낸 이들에게는 존경을 표한다."

어느 유명한 영업왕의 은퇴식이 있었다. 그의 영업 비법을 듣기 위해 약 5,000여 명의 영업자가 참석한 가운데, 요란하게 문이 열리면서 건장한 청년 네 명이 무언가를 들고 무대 한가운데로 올라왔다. 커다란 검은색 강철 공이었다. 영업왕은 추에 매달린 그 강철 공을 말없이, 그러나 힘차게 밀기 시작했다. 영업자들은 웅성거리며 어리둥절해했다. 나이 들어 힘없어 보이는 그였지만 힘든 기색 하나 없이 강철 공을 5초간 밀고, 5초간 쉬기를 반복했다. 그렇게 십 분 정도가 지나자 전혀 움직일 것 같지 않던 강철 공이 조금씩 움찔거리기 시작했다. 그렇게 움직이기 시작한 후로는 한 번 밀 때마다 가속도가 붙었다. 영업왕은 이렇게 말했다.

"성공의 다른 이름은 반복입니다. 같은 속도로 반복하면 같은 속도로 성장할 것 같지만 그렇지 않습니다. 성장에는 가속도가 붙습니다. 나중에는 가만히 둬도 멈출 수 없는 이 강철 공처럼 말이죠. 그러니 포기하지 마세요. 지난한 과정을 참고 견디는 영업자만이 성공을 거머쥘 수 있습니다."

신동준의 『채근담, 돈이 아닌 사람을 번다』에는 이런 구절이 나온다.

"도적 중에는 밖에서 들어오는 '외적'보다 안에 있는 '내적'이 더 무서운 법이다. 바깥 것에 홀려 자신을 잊어버리면 이내 자기 자신마저 도둑맞게 된다."

그렇다. 영업자는 외부 요인에 흔들리지 않고 자신의 중심을 세워야만 업계에서 버텨낼 수 있다. 내면 깊은 곳 자신만의 주관이 뚜렷한 영업자만이 외부 요인에 흔들리지 않는다. 세상에는 영업자의 수만큼이나 다양한 영업 스타일이 있다. 한 자리에 오래 있으면 내 자리가 생기는 것처럼 자신을 믿고 꾸준히 밀고 나가야 자신만의 영업 스타일이 생긴다. 고객의 마음도 마찬가지다. 고객의 마음을 얻으려면 우선 영업자의 멘탈이 확신 있고 뚜렷해야 한다.

멘탈을 강화하기 위해서는 역으로 체력을 길러야 한다. 몸과 정신은 하나로 연결되어 있기 때문에 몸이 건강해지면 정신력도 강해지고 몸이 아프면 정신력도 약해진다. 하지만 종종 정신력이 신체의 한계를 뛰어넘는 경우도 있다. 이순신 장군은 팔에 화살을 맞고도 마취도 하지 않은 채, 심지어 여유롭게 바둑을 두면서 상처를 치료했다고 한다. 강한 정신력으로 다른 곳에 신경을 집중해 몸이 고통을 느끼지 못하도록 했다. 실로 그는 자기최면의 대가인 것이다.

물론 영업자가 활에 맞을 일은 없겠지단 영업을 하다 보면 차라리 몸이 아픈 게 낫겠다 싶을 정도의 정신적 상처를 받기도 한다. 그 순간을 견뎌내고도 웃을 수 있을 때 영업자의 멘탈은 완성된다.

11

영업자의 첫 번째 고객
동료를 사로잡는 여섯 가지 제스처

"동료에게 인정받은 영업자는 고객에게도 인정받을 확률이 높다. 내부 영업에 성공하려면 사소한 표정부터 몸짓까지 신경 써야 한다."

입사 직후의 일이다. 입사 기념으로 전 직장 동료들과 만났다. 술고래들이어서 분위기를 맞추느라 나도 꽤 마셨는데, 기억으로는 1차에서 인당 소주 두 병, 2차에서 맥주 2000시시씩 마셨다. 짧고 굵은 술자리였다. 사실 다음 날엔 전 직원 산행이 있었다. 거나하게 취해버린 나는 내일 카풀하기로 한 차장님께 전화해서는 이렇게 말했다.

"저 내일 아침에 늦지 않게 좀 깨워주세요."

입사 일주일째였고 새벽 한 시였다. 지금 생각하면 제정신이 아니었던 것 같다. 당연하게도 차장님은 불같이 화를 내셨다. 통화하면서 술이 다 깼다. 다음 날 욕실에서 깨어났을 땐 지각을 직감했다. 차장님은 본부장에게 나를 내쫓으라고 했다. 입사 일주일 만에 쫓겨날 뻔했다.

알다시피 영업부는 위계질서가 엄격한 편이다. 맞춰 지내든지 떠나든지 선택해야 한다. 나 역시 합리적이고 수평적인 조직이 좋지만 피하지 못한다면 부딪쳐 이겨내기로 했다. 다른 곳이라고 크게 다를까 싶었고 여기서도 못 버티면 어딜 가도 마찬가지일 거라 생각했다.

결정권자들이 견장을 벗어던지고 허심탄회하게 부하 직원들과 소통한다면 얼마나 좋을까라고 한 번쯤 생각해본 적 있을 것이다. 하지만 안타깝게도 회사는 군대 다음으로 위계질서가 강한 집단이다. 물론 위계질서를 꼭 나쁘게만 볼 수는 없다. 그렇다고 위계질서만을 강조하는 회사에 굳이 오래 있을 필요도 없다. 그런 회사에는 아랫사람이 역량을 펼치는 것을 막으려는 유리천장이 있기 마련이라 실상 눈칫밥만 먹고 지내야 한다. 동료들끼리도 시너지를 내기 어려운 구조가 고착된다.

평소에는 평화로운 회사도 어려운 시기가 닥치면 정리해고 폭풍이 시작된다. 적자생존이다. 회사와 자연의 법칙은 닮았다. 하지만 유능한 영업자들은 어떤 상황에 놓이든 간에 회사가 자신을 사냥하지 못하도록 미리 대비한다. 유능한 직원은 해고하지 않기 때문에 상사도 부하 직원에게 자신의 실력을 증명해야 한다.

지방의 한 커피 브랜드를 성공시킨 젊은 CEO는 매장을 6호점까지 확장하면서 전국 체인 브랜드 망을 구축하고 있었다. 하지만 갑자기 벌어들인 돈에 눈이 멀어 필요도 없는 외제차를 구입하고 술값으로만 몇 백만 원씩 쓰면서 유흥을 즐겼다. 일을 소홀히 하고 직원 관리에도 손을 놓아버리자 결국 함께 브랜드를 키워온 핵심 구성원들마저 떠나버렸다. 그들이 떠나자 사업 진행에 즉시 적신호가 켜졌다. 젊은 CEO는 브랜드를 자신의 능력으로 키워왔다고 생각했겠지만 사실 직원이 곧 브랜드였던 것이다. 일이 잘 풀릴 때는 내부 직원과의 관계를 더욱 잘 다져야 한다는 사실을 인지하지 못한 결과다.

외부 고객뿐만 아니라 내부 구성원들과의 관계도 중요하다. 상사와 부하에게 인정받기 위해서는 센스를 발휘할 필요가 있다. 동료에게 인정받은 영업자는 고객에게도 인정받을 확률이 높다. 내부 영업에 성공하려면 사소한 표정부터 몸짓까지 신경 써야 하는데, 과학적으로도 메시지를 전하는 데는 언어보다 보디랭귀지가 더 효과적이라는 것이 증명됐다.

메라비언의 법칙The Law of Mehrabian에 의하면 전달하고자 하는 내용 자체는 고작 7퍼센트의 영향력이 있는 반면 보디랭귀지는 55퍼센트 이상의 영향력이 있다고 한다. 사실 몸짓의 중요성은 누구나 어느 정도 인식하고 있다.

대화할 때 팔짱을 끼면 거부의 제스처로, 휴대폰을 보고 있으면 무례한 사람으로 비칠 수 있다는 사실을 다들 아는 것처럼 말이다. 동료와의 관계 형성에 좋은 몇 가지 제스처 노하우를 알려주겠다.

대화하는 사람 쪽으로 무릎과 발끝을 향하라

남녀노소를 막론하고 무릎이나 발끝을 말하는 사람 쪽으로 향하면 상대의 이야기에 집중하고 있다는 인식을 심어줄 수 있다. 캐럴 킨제이 고먼Carol Kinsey Gorman 박사에 따르면 사람들은 얼굴 표정이나 상체의 움직임에는 민감하면서 하체는 비교적 무시하는 경향이 있다고 한다. 대화 도중 몸은 상대방 쪽을 향하고 있지만 발끝이 다른 쪽을 향한다면 무의식적으로 자신은 이미 대화가 끝났고 다른 생각을 한다고 표현하는 것과 같다. 상대방과 이야기할 때 발끝을 보라. 발끝의 방향도 상체만큼이나 고스란히 감정을 드러낸다는 것을 명심하기 바란다.

팔짱을 끼거나 다리를 꼬지 마라

동료 중에 팔짱을 자주 끼는 사람이 있다. 심지어 미팅 중에도 의자에 푹 눌러 앉아 팔짱을 끼고 다리를 꼬는 사람인데, 그는 회사 내 유명한 불통의 아이콘이었다. 말을 하지 않아도 행동에서 성격이 그대로 드러나는 것이다. 열린 마음과 자유로운 토론을 위해서는 먼저 몸이 열려 있어야 한다. 팔짱을 끼는 행위는 방어적인 자세로 거리감, 불안감, 완고함의 무의식적 표현으로 인식되는 경우가 많다. 혼자 있을 때 집중하기 위해 팔짱을 끼는 것과는 다르다.

가슴을 내밀거나 손발을 과도하게 뻗지 마라

자신을 실제보다 더 커 보이게 만드는 몸짓을 파워 포징Power Posing이라고 한다. 취직 면접이나 대규모 대중을 상대로 연설할 때 도움이 된다. 그러나 공식 석상이나 토론을 위한 자리에서는 공감대를 형성하는 데 자칫 방해가 될 수 있다. 자신의 힘이 강하다는 것을 과시하는 몸짓이 습관화된 리더들은 의도치 않게 동료의 토론 참여를 방해한다. 팀원들의 생각을 듣거나 토론 참여율을 높이고 싶다면 과도한 파워 포징은 금물이다.

지나치게 관심이 있는 듯 행동하지 마라

너무 뚫어지게 쳐다보면서 말하면 상대는 거부 반응을 일으킨다. 대화 시작부터 끝까지 계속 눈이 마주치면 듣는 이의 마음이 불안해져 설득하기 어렵다. 본능적으로 상대가 자신을 압도하려 한다고 느끼는 것이다. 전체 대화 시간의 약 60퍼센트 정도만 눈을 맞추는 것이 이상적이며, 눈동자를 똑바로 쳐다보기보다는 종종 눈 바로 밑이나 콧등을 봐주는 것이 부담스럽지 않게 시선을 처리하는 방법이다.

고개를 끄덕여라

남성들은 고개를 끄덕이는 행위를 당당하지 못한 몸짓이라고 인식하기도 한다. 여성들의 경우는 본능적으로 고개를 끄덕인다. 끄덕임은 동료의 공감을 이끌어내는 데 아주 효과적인 제스처다. 인공지능마저 고개 끄덕임과 머리 기울이기가 사람의 의사소통에 필수적인 기능이라 인식했다고 한다. 특히 소극적인 직원에게 의견을 개진하고 요구 사항을 물을 땐, 고개를 끄덕이며 잘하고 있다는 사인을 주는 게 매우 효과적이다.

눈치채지 못하게 행동을 따라 하라

스탠퍼드 대학 연구팀은 조직 구성원의 '일치하는 몸짓'이 창의성과 문제 해결 능력을 강화한다고 밝혔다. 브레인스토밍하는 모습을 관찰한 결과 몸짓이 많이 일치하는 팀일수록 더 창의적인 아이디어를 내놓는다는 사실을 발견했다. 사람에게는 거울 뉴런이 있어서 무의식적으로 상대를 따라 하는데, 대화할 때나 서로에게 관심을 갖고 집중할 때 자연스럽게 '변연계 동조limbic synchrony' 현상이 나타난다. 상대가 턱을 괴거나, 손등을 포개고 있으면 눈치채지 않도록 자연스럽게 따라 해보자.

사람은 모두 감성적인 동물이다. 사소한 몸짓과 알게 모르게 챙겨주는 훈훈한 마음, 따뜻한 말 한마디가 큰 영향력을 발휘한다. 마음에서 우러나오는 진심으로 동료를 대하면 그들도 자연히 그 마음을 느끼게 된다. 외부 고객은 실적에 영향을 주는 사람이지만 내부 고객은 승진에 영향을 주는 사람이다. 원하는 것을 이루기 위해 자신을 되돌아보고 태도를 바르게 하자.

12

마음을 사로잡는 엘리베이터 1분 스피치

"철저하게 준비가 되어 있는 영업자라면 언제 어느 상황에서 고객을 만나더라도 당황하지 않는다. 결정적 타이밍은 항상 준비하는 자에게만 온다는 것을 명심해야 한다."

장문정 씨는 쇼핑호스트계의 전설이다. 그의 신뢰감 있는 목소리와 적절한 단어는 머리에 쏙쏙 들어온다. 겉으로는 편안해 보이지만 그토록 유창하게 말하기까지 얼마나 오랜 시간 자신을 단련시켰을까. 그의 석사 논문 「쇼핑호스트의 목소리가 소비자 행위에 미치는 영향에 관한 연구」는 2011년 조선일보 경제면에 실리기도 했다. 그는 500명의 시청자를 두 집단으로 나눠 한 집단에는 빠른 목소리, 다른 집단에는 느린 목소리 버전으로 같은 홈쇼핑 영상을 보여주는 실험을 했는데, 시청자 대부분이 느린 목소리를 선호했다고 한다. 차근차근 전달하는 말씨에서 신뢰감과 구매 욕구를 강하게 느낀 것이다. 이처럼 그의 영업력은 타고난 것이 아닌 아주 사소한 차이조차도 놓치지 않고 연구하고 실험한 노력의 결과다.

그만큼 스피치는 중요하다. 내 영업 코칭 커리큘럼 중에서 가장 유용하고 인기 있는 강의는 '1분 엘리베이터 스피치'다. 1분 안에 고객의 마음을 사로잡을 수 있는 방법이 있다면 얼마나 좋겠는가. 1분 엘리베이터 스피치는 시간이 없고 촉박할 때, 고객이 갑자기 급한 일이 생겨 바로 이동해야 하는 상황이나 이동 중에 우연히 마주쳤을 때처럼 시급한 상황에 주로 사용하는 방법이다. 고객은 언제나 "짧게 이야기해주세요"라고 한다. 영업자는 최소의 시간 안에 최대의 인상을 남기기 위해 임팩트 있는 스피치를 준비해두었다가 적재적소에 활용해야 한다. 고객은 대략 1분 정도의 시간만 집중한다. 평소 같으면 5분, 10분을 들여 이야기할 내용을 1분으로 줄여 말해야 하는데, 이때 주의할 건 시간에 쫓겨 빠르게 말하지 않고 천천히, 정확하게 이야기해야 한다는 점이다. 급하다고 속사포처럼 말을 내뱉으면 배려 없이 하고 싶은 말을 집어던지는 것에 불과하다. 고객 입장에서는 알아서 주워들으라는 식으로 들린다. 1분을 재며 이야기해보라. 1분은 의외로 길다. 천천히 얘기해도 된다.

전략 컨설팅 회사 맥킨지 앤 컴퍼니McKinsey&Company의 컨설턴트들은 눈코 뜰 새 없이 바쁜 걸로 유명한데, 재밌는 건 그들보다 그들이 관리하는 고객들이 더 바쁘다는 점이다. 최고 경영자와 실무진의 업무 강도는 상상을 초월한다.

이처럼 잠깐의 미팅도 잡기 어려운 상황에서 영업하기 위해 만들어진 것이 바로 1분 엘리베이터 스피치다. CEO의 출근길인 엘리베이터 1층에서 꼭대기 층까지 올라가는 데 걸리는 시간이 약 1분이라고 해서 붙여진 이름이다. 강연 중에 어떤 청중이 내게 이렇게 말했다.

"내 고객들은 그렇게까지 바쁘지도 않고 심지어 엘리베이터를 타지도 않습니다."

나는 엘리베이터 1분 스피치가 꼭 특정 장소와 사람을 대상으로만 필요한 게 아니라고 생각한다. 모든 상황을 엘리베이터 안이라고 생각하고 고객뿐 아니라 가족에게, 자녀에게, 연인에게도 활용할 수 있는 대화법인 것이다.

1분 엘리베이터 스피치를 활용하기 위한 핵심 노하우는 바로 'You First 대화법'이다. 'After You'라고 기억해도 좋다. 상대의 입장에서 먼저 생각하는 화법인데, 성공적인 스피치에 있어서 가장 중요한 요소다. 자신의 기준이 아닌 상대의 기준에 맞춰 이야기할 때 가장 효과적으로 설득할 수 있다. 사람은 보통 상대의 말보다는 자신의 말이 맞다고 생각하고, 상대보다는 자기 자신을 우선시하는 경우가 많은데, 그런 면에서 영업자들은 언제나 고객을 먼저 생각하는 습관을 들였으니 어찌 보면 참 대단한 사람들이다.

실제로 중요한 건 눈에 잘 보이지 않는다. 언제나 편안한 말씨와 여유로운 태도를 보이는 영업자도 남이 보지 않을 때 뼈를 깎는 노력을 반복한다. 스피치뿐 아니라 모든 것이 그렇다. 나 역시 한 시간짜리 강연을 위해 A4용지 열 장 분량의 내용을 툭 치면 줄줄 나올 정도로 외운다. 그렇게 해도 실제 강의에서는 실수가 발생한다.

철저하게 준비가 되어 있는 영업자라면 언제 어느 상황에서 고객을 만나더라도 당황하지 않는다. 결정적 타이밍은 항상 준비하는 자에게만 온다는 것을 명심해야 한다. 언제 찾아올지 모를 결정적 순간을 위해 1분 엘리베이터 스피치를 준비하라. 짧은 시간 안에 주도권을 잡는 영업자만이 승리할 수 있다. 고객을 이기는 것이 아니라 시간과 상황을 이기는 것이다. 1분 엘리베이터 스피치를 통해 고객의 거절하려는 마음까지도 엘리베이터 문이 열리듯 자동으로 열리게 하라.

최고의 영업자의 영업 비결은
절대로 팔려고 애쓰지 않고
고객의 마음을 사려고 하는 데 있다.

- 존 워너메이커

13

고객의 불평 속에 성공의 단서가 있다

"액티브한 경청이란 질문으로 반응한다는 말과 같다. 묻고 들어라. 고객이 좋아하는 음식만 알아도 할 수 있는 영업의 가지 수는 배로 늘어난다."

프리챌을 기억하는가. 2000년대 초, 약 천만 명의 회원 수를 기록하며 흥행한 온라인 커뮤니티 서비스다. 프리챌의 실패 사례에서 고객과의 의사소통이 얼마나 중요한지를 배울 수 있다. 당시 프리챌은 아바타 의상을 판매하기 위해 유료화를 진행했다. 천만에 가까운 회원이 있었으니 회원 한 명당 아바타에 천 원만 투자해도 100억의 매출을 올릴 수 있었다. 구매 욕구를 유발하기 위해 기본 아바타에 속옷만 입혔다가 회원들의 거센 항의에 부딪혔지만 당시 프리챌 내부에서는 항의에 이렇다 할 반응을 보이지 않았다. 사실 듣지 않으려고 했다기보다는 단지 둔감했다고 한다.

게다가 채팅방에 방장 허락도 없이 광고를 띄우기 시작했다. 역시나 항의가 거셌지만 운영진은 수익 창출을 위해 무반응으로 일관했고, 결국 회원들은 물밀 듯 빠져나갔다. 한때 천만을 웃돌던 회원 수에서 십만의 비활성화 회원만 남았다. 물론 싸이월드의 탄생이 프리챌 몰락의 가장 큰 원인이지만 고객의 불만 사항을 전혀 귀담아듣지 않은 것도 한몫했다. 그렇게 프리챌은 고객 서비스 실패 사례에 큰 족적을 남기고 한순간에 존재감을 잃었다. 상당히 오래된 사례지만 시대와 상관없이 소통은 영업의 핵심이다. 초반에 아무리 큰 기회를 잡더라도 고객의 목소리를 제대로 반영하지 못하는 기업은 실패 사례로 회자될 것이다. 인터넷 기술이 아무리 발달해도 실제 이용자는 사람이다. 고객의 목소리에 귀 기울이지 않으면 어떤 형태의 비즈니스도 성공하지 못한다.

얼마 전 식당에서 점심을 먹는데 매장으로 한 여성분이 들어왔다. 점원은 메뉴판을 건네주고는 다시 계산대로 돌아갔다. 얼마 지나지 않아 그 손님은 주문을 위해 점원을 네 번이나 불렀지만 점원은 듣지 못했고, 결국 여성 손님보다 늦게 온 다른 손님의 주문을 먼저 받았다. 그 바람에 주문하려던 여자 손님은 상기된 얼굴로 매장을 나가버렸다.

점원을 비난하려는 건 아니지만 영업자의 입장에서 식당 주인이나 점원이 답답할 수밖에 없었다. 여성분의 목소리가 조금 작기는 했지만 이는 분명 성의의 문제였다. '조금만 더 섬세하게 귀를 기울였다면 충분히 들렸을 텐데……' 하는 아쉬움이 남았다. 점원은 여성분이 왜 상기된 얼굴로 매장을 빠져나갔는지조차 몰랐다. 누구나 한 번쯤 겪어봤을 법한 일이라 알겠지만, 이런 상황은 딱히 큰 피해를 보는 게 아님에도 생각보다 감정이 많이 상한다. 그 손님은 근거리에 비슷한 메뉴의 식당이 있다면 더 이상 이 식당에는 찾아오지 않을 확률이 높다.

영업자는 고객을 만나러 카페에 갈 일이 많은데, 만나기 전에 미리 커피를 좋아하는지 싫어하는지, 차를 좋아한다면 어떤 종류의 차를 좋아하는지, 뜨거운 음료에 홀더를 한 개 사용할지 두 개 사용할지, 한겨울에도 차가운 메뉴를 먹는지, 흡연 장소가 있는지 등을 알아두는 것이 중요하다. 또한 더운 날에는 영업자 자신의 체취도 신경 써야 하지만 고객도 본인의 체취를 신경 쓰고 있다는 사실을 인지하고 만남을 준비해야 한다. 여성 고객의 경우에는 특히 더 그렇다. 별것 아닌 듯해도 이런 사소한 부분을 신경 썼을 때와 그렇지 않았을 때의 차이를 느껴본 영업자라면 작은 배려의 힘이 얼마나 큰지 알 것이다. 사실 영업 당락의 대부분이 이 지점에서 결정된다고 봐도 무방할 정도다. 영업자는 고객의 소리를 액티브하게 경청해야 하는데, 액티브한 경청이란 질문으로 반응한다는 말과 같다. 묻고 들어라. 고객이 좋아하는 음식만 알아도 할 수 있는 영업의 가지 수는 배로 늘어난다. 잘 듣는 것이 곧 경쟁력이며 영업자가 발휘해야 할 디테일의 단서는 경청에서 나온다. 영업자도 다른 곳에서는 고객이다. 영업자의 입장이 아니라 언제나 고객 입장에서 생각하자.

14
고객과 은밀한 동지가 되어라

"영업자의 마음이 지속적으로 고객을 향해 나아갈 때 고객의 마음도 움직인다. 관계된 모든 인적 네트워크를 잘 활용해야 혼자서 해낼 수 없는 일도 이루어낼 수 있다."

신입사원 시절, 이른 아침, 늦은 밤을 가리지 않고 집 앞, 출근길, 지하철까지 따라다니며 영업한 고객이 있었다.

비 오는 날에는 지하철로 출근하는 고객이 비 맞지 않도록 출구 앞에서 기다렸다가 회사에 들어가는 길까지 태워다 나르기도 했다. 비 오는 날뿐 아니라 태풍이 불 때도, 눈이 올 때도 그랬다. 고객에게 나는 궂은 날씨에 찾아오는 사람이었고 차 안에서 개인적인 이야기를 나누면서 꽤 친해졌다. 아무리 뻣뻣한 사람도 그 정도의 성의를 보이고 시간을 함께 보내면 마음을 열게 되어 있다.

내 영업 지역이 바뀌어 서로 연락이 뜸해질 때쯤 고객에게 다시 연락이 왔다. 본인이 유럽으로 학회를 가는데 알아보니 유럽에는 스틱형 수동 차량밖에 없어서 걱정된다고 했다. 오토 차량만 운전해봐서 수동 차량 운전이 두려웠던 것이다. 내게 전화한 이유는 간단했다. 내 차는 수동 차량이었기 때문이다. 궂은날마다 내 차를 탔으니 기억나지 않을 리 없었다. 나는 얼마든지 내

차로 운전해보고 가시라고 이야기했다. 고객은 처음엔 안부나 물을 겸 연락한 거라며 손사래 쳤지만 이내 받아들이며 고마운 마음을 표했다. 그 이후 그는 내게 수입으로 직결되는 우량 고객을 소개시켜줬다. 담당 지역이 바뀌더라도 기존 고객의 영향력은 유효하기 때문에 한번 맺은 관계는 잘 유지해나가야 한다.

새로 담당한 지역의 주요 고객들에게 인사하려고 모임 자리에 방문한 적이 있는데, 그들은 이미 나를 알고 있었다. 알고 보니 이전 담당 지역의 고객과 다들 아는 사이였다. 같은 업종에 종사하는 사람들의 네트워크는 그리 넓지 않다. 특히 우리나라는 더 심하기 때문에 이런 상황은 생각보다 비일비재하다.

고객에게 힘들 땐 힘들다 말하고 거리낌 없이 도와 달라고 말할 수 있을 정도로 관계를 발전시켜야 한다. 영업자들은 고객에게 자신의 실적에 대해 말하지 않는다. 물론 초기에는 말하지 않는 게 맞지만 고객과 정서적 유대관계가 형성된 후에는 일부분 알리면서 솔직하게 접근하는 것도 좋은 영업법일 수 있다. 영업자에게 고마움을 느끼고 성의를 표하려는 고객에게는 부족한 실적을 슬쩍 알리는 것도 나쁘지 않은 방법이다.

수년간 친하게 지내온 고객에게 아무런 의도 없이 실적 부진을 토로한 적이 있는데, 그는 왜 자신에게 도와달라고 하지 않았냐며 질책하듯 서운한 기색을 표한 적도 있다. 영업자는 고객과 마주할 땐 언제나 웃는 모습이기 때문에 고객이 영업자의 개인 사정을 가늠하기는 힘들다. 그때까지 나는 고객에게 도움을 요청할 생각조차 해본 적 없었다. 어쨌든 영업자와 고객의 관계니 그 이상 선을 넘으면 안 된다고 생각했던 것 같다. 하지만 고객과 진정으로 친구가 되려면 서로 마음을 터놓고 이야기해야 한다. 단순 비즈니스가 아닌 인간적인 관계로까지 발전시키려면 서로에게 도움을 요청할 정도는 돼야 하는 것이다.

관계를 큰 그림으로 그릴 수 있는 영업자가 성공한다. 모든 건 연결되어 있다. 사람의 마음도 마찬가지다. 영업은 혼자서 할 수 있는 일이 아니다. 영업자의 마음이 지속적으로 고객을 향해 나아갈 때 고객의 마음도 움직인다. 관계된 모든 인적 네트워크를 잘 활용해야 혼자서 해낼 수 없는 일도 이루어낼 수 있다. 지속적이고 적절한 관계는 영업 성과로 직결된다는 것을 명심하길 바란다.

15

당신이 좋은 영업자인지 알려주는 열 가지 질문

"생각하지 않고 살면 사는 대로 생각하게 된다. 질문하라. 질문 속에서 살다 보면 답은 알아서 찾아온다. 질문하는 영업자는 절대 실패하지 않는다."

독일의 유명한 경제학자 하노 벡Hanno Beck의 『부자들의 생각법』에는 대다수의 사람은 자신의 생각과 실제 상황이 일치하기를 원하기 때문에 자신이 생각하는 것과 모순되는 정보를 접하면 이를 제거하려고 한다는 내용이 있다. 심리학에서는 이를 '인지부조화Cognitive Dissonance'라고 하는데, 쉽게 말해 한 가지 생각에 꽂히면 다른 의견이나 정보는 받아들이지 않고 귀를 닫아버리는 경향이다. 영업으로 치면 고객과 동료가 전혀 공감하지 못하는 영업법을 밀어붙이다 실패하는 경우로, 꽤 많은 영업자에게 나타나는 현상이다. 그만큼 열정이 있고 의지가 강하다는 뜻이기도 하니 참 안타까운 일이다. 하지만 영업은 혼자만 잘한다고 되는 일이 아니다. 시대적 흐름, 고객의 성향, 제품의 질, 영업자의 역량 등 수많은 요소로 가득하고 하나하나가 중요하기 때문에 한쪽으로만 치우치면 균형이 무너진다.

영업 시장은 급격한 변화가 잦은 유동적인 시장이다. 현재 잘나가는 영업자라 해도 본인의 영업이 언제까지 먹힐지는 알 수 없으므로 항상 시장을, 고객을, 자신을 견제해야 한다. 영업에 성공하느냐 그렇지 못하느냐는 새롭게 변화하는 시장 상황과 고객의 마음을 제대로 파악했느냐 아니냐로 결정된다. 매일 답을 찾는다는 생각으로 영업한다면 당신이 영업자로서 실패할 일은 없을 것이다. 영업자에게 지금 영업을 위해 어떤 고민을 하는지 3개월 단위로 물었을 때 그때마다 바로 즉답이 나오는 영업자들은 항시 질문 속에 살고 있는 영업자다. 그것이 영업자로서의 성공을 결정짓는 열쇠다. 생각하지 않고 살면 사는 대로 생각하게 된다. 질문하라. 질문 속에서 살다 보면 답은 알아서 찾아온다. 질문하는 영업자는 절대 실패하지 않는다. 당신이 현재 영업을 잘하고 있는지 아닌지는 당신만 알 수 있다. 나는 매너리즘을 경계하기 위해 열 가지 체크리스트를 만들어 조금이라도 늘어질 때면 스스로에게 물으며 체크한다. 당신도 다음 질문들에 답해보기 바란다.

매너리즘 체크리스트

1. 고객에게 제품과 서비스를 효과적으로 설명하고 있다고 확신하는가? ☐
2. 고객과 공감대를 형성하는 방법을 세 가지 이상 보유하고 있는가? ☐
3. 고객이 구매를 망설이는 상황을 뒤집을 자신만의 방법이 있는가? ☐
4. 고객이 할인을 요청할 때 활용하는 대처 방법이 있는가? ☐
5. 자신만의 효과적인 고객 관리법이 있는가? ☐
6. 경쟁 제품의 장단점까지 잘 파악해서 고객에게 설명한 적 있는가? ☐
7. 고객이 제품이나 서비스를 이용할 때 어떤 점을 가장 중요시 여기는지 알고 있고, 또 더 알기 위해 노력을 했는가? ☐
8. 고객이 경쟁 영업자와 경쟁회사에 대해 어떻게 생각하는지 알아내려고 노력하는가? ☐
9. 고객의 불평불만을 기록하는가? ☐
10. 고객의 반응을 유형별로 정리해보았는가? ☐

16
영혼 없는 영업자는 고객도 알아본다

"진실함만으로 영업에 성공할 수는 없다. 하지만 성공적인 영업을 위해서는 반드시 진실해야 한다."

『굿워크』의 저자 에른스트 프리드리히 슈마허Ernst Friedrich Schumacher는 단지 돈을 벌기 위한 노동을 경멸했다. 나 역시 당신이 돈만을 위한 직업으로 영업을 선택했다면 당장 때려치우고 다른 일을 알아보라고 권하고 싶다.

알베르 카뮈Albert Camus는 말했다.

"노동을 하지 않으면 삶은 부패한다. 그러나 영혼 없는 노동은 삶을 질식시킨다."

주변에 영혼 없이 말하는 사람이 한 명쯤은 있을 것이다. 그 사람과 대화할 때 기분이 어떤지 묻고 싶다. 말로 잘 표현하기 힘든 그 불쾌하고 오묘한 느낌을 아는 영업자라면 고객에게도 그런 느낌이 전달되지 않도록 노력해야 한다. 직업 특성상 반복적으로 사람을 상대하다 보면 자기도 모르게 텅 빈 언어들이 새어나오기 시작한다. 상대가 구체적으로 받아들이기 쉬운 단어를 잘 선별해야 신뢰를 줄 수 있는데, 그러기 위해서는 영업자부터 진실해야 한다. 자신이 진심을 담아 영업하고 있는지 아닌지는 영업자 자신이 제일 잘 안다. 겉보기만 좋은 영업은 자기 자신을 속이고 고객을 속임으로써 운과 돈을 모두 내쳐버리는 영업이다.

영업자는 무엇보다도 지속적인 영업이 가능한 자신만의 시스템을 구축해나가면서 게으름을 극복해야 한다. 고객은 영업자의 진정성을 알아본다. 신기록 제조기라고 불리는 전설의 쇼핑호스트 이고운영 씨는 한때 '하느님, 결코 도와주지 않으셔도 좋습니다. 방해만 하지 마세요'라고 기도할 만큼 힘든 시절을 겪었다. 그는 변기를 팔기 위해 화장실에 몇 시간이고 앉아 고민하는 사람이다. 그는 결국 600대 1의 경쟁률을 뚫고 쇼핑호스트로 발탁됐으며, 2천4백만 원의 연봉이 월급으로 바뀌었을 때 이렇게 말했다.

"내 수입이 이토록 뛰어오른 비결은 고객을 향한 진심이라고 생각합니다."

영업자의 진실한 마음은 지속적인 실행력으로 나타난다. 행동하지 않는 마음은 고객에게 전달되지도 않을뿐더러 진정성이 있다고 보기도 힘들다. 나 역시 돈만을 목적으로 일한 적은 단연코 없으며, 성공의 열쇠는 화려한 영업보다 진실한 마음에 있다고 믿는 사람이다.

영업자 중에는 고객보다 팔고자 하는 제품에 초점을 맞춰 영업하는 이들이 있다. 어떤 영업자는 새로운 고객을 소개해주는 대가로 기존 고객에게 현금을 페이백하기도 하는데, 이는 '고객에게 무엇이 최선인가'를 고민하지 않고 '어떻게 더 많이 팔 것인가'만 고민한 경우다. 이 경우 임시적인 충성은 얻을 수 있겠지만 진정한 신뢰는 얻을 수 없다. 신뢰는 당장의 돈보다 비싸다. 신뢰를 잃고 등을 돌린 고객을 되돌리기는 쉽지 않다.

물론 판매는 중요하다. 하지만 판매만 신경 쓰는 영업자를 어떤 고객이 찾아줄까. 고객이 원하는 가치는 제품 성능만이 아니라 브랜드 이미지까지 포함되어 있다. 진실된 영업으로 고객에게 긍정적 경험을 제공하고 브랜드 이미지를 각인시킴으로써 지속적인 구매를 유도하는 것이 성공의 지름길이다.

고객의 페이스에 맞춰주려는 모습에서 영업자의 진정성이 드러난다. 사람마다 삶의 박자가 다르다. 급한 사람, 느긋한 사람, 급하지도 느긋하지도 않은 사람 등 나누자면 다양하다. 상대방의 템포를 잘 파악하고 그에 맞게 배려하는 것만큼 어려운 것도 없지만 성공한다면 상대방은 반드시 감동한다. 이는 모든 관계에도 적용된다. 고객 응대는 영업의 시작이자 끝이다. 제품이 아무리 훌륭해봤자 성의 없는 응대 한 번이면 몽땅 물거품이 된다.

증권 영업 쪽에 아는 분이 있는데, 그녀는 홍보 업무로 사회생활을 시작했지만 사람을 더 잘 알고 싶다는 열망에 따라 영업자가 됐다. 증권 영업 역시 고객의 니즈를 파악해 서비스를 제공하는 것을 철칙으로 한다. 그녀는 증권 영업에 대해 이렇게 말했다.

"법인 영업 중개인은 단순히 이쪽에서 저쪽으로 일을 전달하는 역할이 아니다. 영혼 없는 딜리버리delivery는 아무 의미가 없다."

혼이 담긴 영업이란 뭘까. 단순히 회사의 의견을 고객에게 전달하기만 한다면 이는 영혼 없는 배달부에 불과하다. 고객의 이야기에 관심이 없고, 원하는 게 뭔지 궁금하지 않은 회사에는 영업자를 둘 필요가 없다.

영업을 하다 보면 내 뜻대로 대화도 통하지 않고 상황도 따라주지 않아 원하는 목표에 도달하지 못하는 경우가 태반이다. 그렇다고 영혼 없이 영업해서는 안 된다. 진실함만으로 영업에 성공할 수는 없겠지만 성공적인 영업을 위해서는 반드시 진실해야 한다. 고객이 어떤 의미를 담아 말하는지를 잘 파악하기 위해서는 영업자도 자신의 내면 깊숙한 곳에서 울리는 영혼의 목소리로 영업해야 한다.

거의 모든 제품을 집에서 주문할 수 있는 편리한 시대다. 해외 유명 제품도 값싸게 주문할 수 있고 집 밖으로 안 나가도 제품이 직접 찾아온다. 이처럼 편리함이 장악한 세상에서 진정성은 하나의 경쟁력이다. 사람이 할 수밖에 없는 영업에 영혼을 담아 고객을 상대하라. 영혼이 담긴 영업은 고객의 마음을 움직인다. 영업은 말을 유창하게 한다고 해서 성공할 수 있는 영역이 아니다. 또한 외향적이어서 성공하고 내성적이어서 실패하는 것도 아니지만 확실한 건 고객을 향한 진실한 마음이 없다면 절대 성공할 수 없다는 사실이다. 진실한 마음만이 성공으로 향하는 유일한 길목임을 기억하기 바란다.

17

땀 흘리는 영업자는 언제나 옳다

"적당한 영업은 실패다. 움직여야 영업자다. 당신이 흘리는 땀이 곧 영업이다."

'고객에게 필요한 건 무엇일까?'
'회사가 고객에게 주고자 하는 건 무엇인가?'
'내가 고객에게 줄 수 있는 건 무엇일까?'

하루 10분 스스로에게 질문을 던진다. '왜'를 고민하다 보면 '어떻게'를 깨닫게 되고 구체적으로 '무엇'을 해야 할지 명확해진다. 영업자는 행동하는 사람이다. 나는 부정적인 생각이 들 틈을 주지 않으려 몸을 부지런히 움직인다. 그러다 보면 오히려 정신이 맑아진다. 구슬도 꿰어야 보배가 되듯 항상 기민하게 움직여야 성과를 낼 수 있다.

명절에는 항상 선물을 들고 고객 집에 방문했다. 처음에는 어색했지만 점점 자연스러워졌다. 고객의 차를 발견하면 먼지떨이를 꺼내 한 번 닦아주고 들어갔는데, 이는 거절에 대한 두려움을 극복하기 위한 나만의 의식이다. 고객과 술을 마시는 경우가 많아 차 안에는 언제나 생수와 숙취 해소 음료가 가득한 시절이었다.

영업은 라면이 먹고 싶은 고객에게 라면을 가져다주는 게 아니라 라면을 먹는 고객 옆에 슬쩍 김치를 놓는 일이다. 무작정 사은품을 많이 챙겨주는 게 아니라 사은품이 USB라면 그 안에 고객이 좋아하는 음악이나 영화를 담아주는 게 영업이다. 고객은 양복을 입은 영업자가 잘 해주는 건 당연하게 여기지만 사복을 입은 영업자가 잘 해주면 대접받는다고 생각한다. 양복 같은 영업이 아닌 사복 같은 영업을 해야 한다.

신입사원 때는 타이밍을 잡는 게 가장 어려웠다. 고객의 생각을 잘 읽을 수도 없었다. 긴장한 탓에 고객의 표정도 살피지 못하고 오해하는 경우가 다반사였지만, 날마다 고객을 상대하다 보니 작은 표정들이 눈에 들어오기 시작했다. 나중에는 슬쩍 보고도 그날의 컨디션까지 파악할 수 있게 됐다. 지나치듯 툭 던지는 고객의 한마디가 무슨 의미인지도 이해하게 되면서 언제 어떤 말을 해야 하고 행동해야 할지 타이밍을 알게 됐다.

모든 영업적인 문제는 영업을 제대로 해내지 못해서가 아니라 제대로 영업하지 않으려는 태도에서부터 발생한다. 고객은 생각보다 영업자의 행동거지를 하나하나 지켜보고 있다. 고객을 만족시키기 위해서는 항상 고객의 욕구를 파악하고 문제점을 해결하려는 관찰력과 실행력이 뒷받침되어야 한다. 적당한 영업은 실패다. 움직여야 영업자다. 당신이 흘리는 땀이 곧 영업이다.

마냥 사무실에만 앉아 있으면
아무 일도 일어나지 않는다.
활동만이 성과를 가져온다.

— 가이 베이커

18

버스 같은 고객
택시 같은 고객

"영업은 기회로 가득 차 있다. 그래서 어떤 이는 무엇을 해야 할지 모르겠다고 말한다. 그 말은 반대로 무엇이든 할 수 있다는 말과 같다."

송宋나라에 술을 파는 사람이 있었다. 그는 매사에 공평무사했고 정중하게 손님을 맞았으며, 그가 파는 술맛도 매우 좋았다. 그러나 잘 팔리지 않아 매번 술이 쉬었다. 그는 이를 이상히 여겨 마을 장로 양천楊倩에게 갔다. 양천이 "자네 집개가 사나운가?"라고 물었다.

"개가 사나우면 술이 팔리지 않습니까?"라고 되물으니 양천이 말하기를 "개가 무서워 사람들이 발 들이기를 꺼려 하니 술이 제때 팔리지 않아 쉬어버리는 것일세"라고 말했다.

『한비자』에 등장하는 '개가 사나우면 술이 쉰다'는 뜻의 고사성어 구맹주산狗猛酒酸의 배경이 되는 이야기다. 군주의 주변에서 권세를 휘두르고 군주의 눈을 가리는 신하들을 경계하라는 뜻이다.

이와 비슷한 맥락으로, 영업 조직이 전략을 가지고 영업 활동을 시도하려고 해도 기존 영업자 세력이 만들어낸 분위기와 관습에 휘둘린 나머지 제대로 굴러가지 않는 경우가 있다. 제품이나 서비스가 아무리 훌륭해도 영업자가 정치 놀음에 정신이 팔려

응대를 소홀히 하면 성과는커녕 고객의 신뢰마저 잃는다.

　미국 여론조사기관에서 '기업에 대한 고객인식 조사' 결과를 발표했다. 그중 '기업은 이윤만 추구할 뿐 고객에 대한 책임을 다하지 않는다'라는 항목에 소비자의 80퍼센트가 동의했다. 그리고 '대기업의 CEO는 신뢰할 만하다'라는 항목에는 2퍼센트만이 신뢰한다고 답했다. 단지 미국에 국한된 이야기는 아니다. 특히 영업자에 대한 불신은 더 크다. 그러므로 영업자는 인간적인 영업을 포기해서는 안 된다. 고객의 불신 속에 숨어 있는, 영업자에게 바라는 인간적인 이해를 포착해서 영업해야 한다.

　하지만 이러한 영업자의 마음가짐을 고객에게 전달하기는 쉽지 않다. 진정성을 전달하는 요령에 필요한데, 내 경험상 세 가지 방법이 가장 효과가 있었다. 첫째는 사람마다 취향이 다르고 행동과 사고의 속도가 다르다는 걸 받아들이고 상대의 페이스에 맞춰주는 것, 둘째는 상대가 부담을 느낄 만한 큰 변화를 요구하지 않는 것, 셋째는 전혀 가망이 없을 땐 최대한 빨리 포기해주는 것이다. 고객이 영업자의 진정성을 느끼는 순간이 영업을 펼쳐나가기 가장 좋은 기회다. 이는 영업에도 적용되지만 일상생활 속 인간관계에 적용해도 좋다.

　고객의 유형을 두 가지로 비유하자면 택시 같은 고객과 버스 같은 고객으로 나눌 수 있다. 택시 같은 고객은 한 번 놓쳐도 금세 다시 잡아탈 수 있다. 버스 같은 고객은 타이밍을 놓치면 기다려주지 않고 바로 떠나버린다. 지금 어떤 고객을 잡아야 할지 고민하고 있다면 당신은 이미 말려든 것이다. 사실 이 질문은 트릭이다. 답은 간단하다. 영업자라면 택시는 다시 돌아오도록, 버스는 떠나지 못하게 만들어야 한다. 둘 중에 하나만 타겠다느니, 다음 기회를 기다리겠다느니 하는 속 편한 마음가짐으로는 영업할 수 없다. 영업은 기회로 가득 차 있다. 그래서 어떤 이는 무엇을 해야 할지 모르겠다고 말한다. 그 말은 반대로 무엇이든 할 수 있다는 말과 같다. 어디로든 갈 수 있고 무엇이든 할 수 있다는 생각으로 성큼성큼 기회를 만드는 영업자가 되기 바란다.

19
배우지 말고 가르쳐라

"고객이 왜 당신에게 제품을 구매했는지 다른 사람에게 이야기해보라. 그러다 보면 도리어 자신의 영업이 왜 성공했고 실패했는지 그 이유를 이해하고 납득할 수 있다."

아래는 미국의 학습 전문가인 윌리엄 글래서 Willianm Glasser가 발표한 '배우는 방식에 따른 학습효율'을 수치화한 것이다.

읽는다(Read) : 10%

듣는다(Hear) : 20%

본다(See) : 30%

보고 듣는다(See and hear) : 50%

토론한다(Discuss) : 70%

경험한다(Experience) : 80%

가르친다(Share and teach) : 95%

조사 결과 가장 효과적인 학습법은 '가르치기'였다. 타인을 가르칠 때 역으로 자신이 가장 많이 배우는 것이다. 영업도 다른 누군가를 가르치면서 배워나가야 한다. 나는 제품에 대해 공부한 뒤 자발적으로 사람들 앞에서 발표하는 자리를 만드는데, 발표했을 때와 안 했을 때의 정보 숙지 정도는 천지차이다.

영업자라면 사람들 앞에서 간단한 영업 강의 정도는 할 수 있어야 한다. 나는 현재 영업자들을 도와주는 영업 멘탈 코치이자 심心테크 메신저로 활동하고 있다. 많은 영업자가 영업 관련 강의에서 특별한 비법을 얻기를 기대하지만 정작 가져갈 수 있는 건 자신이 이미 해봤거나 알고 있던 것들인 경우가 많다. 나는 코칭할 때 내가 무언가를 가르쳐주기보다는 상대의 고민을 해결해 나가는 코칭을 한다. 좋은 영업 코치가 되기 위한 네 가지 방법을 알려주겠다.

첫째, 코칭받는 사람을 아끼는 마음을 갖는다.
둘째, 코칭받는 사람의 자세, 행동, 성과를 세밀하게 관찰한다.
셋째, 코칭받는 사람이 어떤 강점을 발휘할 수 있는지 찾는다.
넷째, 성과를 지향하는 언어로 따뜻하게 피드백한다.

트레이닝과 코칭은 다르다. 트레이닝은 한발 떨어져 훈련시키는 감독이고 코칭은 함께 뛰고 느끼는 동료다. 기술을 가르치는 건 티칭이고 잠재력을 끌어내는 건 코칭이다. 강의 중에 한 부동산 업자가 내게 물었다.

"어떻게 하면 고객이 부동산에 오게 만들 수 있을까요?"
"왜 그 고객이 당신의 부동산에 오지 않을까요?"
"부동산이 자기 마음에 들지 않으니까 오지 않겠죠."
"그러면 어떻게 해야 오게 할 수 있을까요?"
"고객이 원하는 걸 머릿속에 그려주면 되겠죠."
"맞습니다. 잘 알고 계시네요. 말씀하신 방법으로 시도해보면 되지 않을까요?"

그는 겸연쩍게 웃으며 다시 생각해봐야겠다고 말했다. 맞춤형 코칭은 별 게 아니라 그저 상대방의 입장을 생각하는 것이다. 질문을 받으면 상대에게도 똑같은 질문을 다시 던진 뒤, 당신이라면 어떻게 답할지 물어보라. 역으로 묻는 것만으로도 문제가 해결되는 경우가 많다.

내가 영업 코치가 된 이유는 영업을 방법적으로는 잘 알고 있음에도 정신적으로 버티지 못해 포기해버리는 영업자들이 안타까워서다. 강점과 잠재력만 활용해도 성공할 만한 인재들이 많은데, 그러지 못하는 모습을 볼 때마다 속상했다. 나는 그들에게 자신의 영업법을 다른 사람에게 코칭해보라고 조언한다.

고객이 왜 당신에게 제품을 구매했는지 다른 사람에게 이야기해보라. 그러다 보면 도리어 자신의 영업이 왜 성공했고 실패했는지 그 이유를 이해하고 납득할 수 있다.

20
영업을 해본 사람만이 알 수 있는 것들

"삶의 모든 순간이 영업이다."

클레멘트 스톤W. Clement Stone은 초등학교 6학년 때 변호사가 되기로 결심했다. 고등학생 때는 철학을 공부하며 자신의 행동을 이끄는 정신에 심취했다. 로스쿨에 입학하는 데 성공하지만 변호사로는 충분한 돈을 벌 수 없다고 생각해 얼마 지나지 않아 자퇴한다. 그가 보기에 변호사는 돈이 엮이면 자칫 비윤리적인 상황이 발생하는 직업이었지만 영업자는 노력한 만큼 얼마든지 돈을 벌 수 있는 직업이었다.

삶의 모든 영역에서 영업이 필요한 세상이다. 기술이 발달할수록 인간적인 영업 요소는 더욱 중요해진다. 영업자는 사람만의 따뜻한 온기가 느껴지는 영업으로 신뢰를 쌓는다. 비즈니스 활동의 핵심은 예전에도 그랬고 앞으로도 영업이다.

영업의 80퍼센트는 심리적 영역이고 20퍼센트는 기술적 영역이다. 펜실베이니아 대학의 심리학 교수 마틴 셀리그만Martin E. P. Seligman은 1986년, 한 보험회사의 영업자 1,100명에게 설문을 실시했다. 영업자 개인의 성공과 실패에 어떤 요인이 가장 크게 영향을 미치는지 밝히는 게 설문의 목적이었다. 조사 결과 수입 상위권의 영업자는 대부분 낙천적이었다. 최악의 사건이 일어나도 대수롭지 않게 여기고 피드백을 거쳐 다시 도전하는 사람들이었다.

수입 하위권의 영업자는 가능성이 있는 일도 시도하지 않는 이들이었다. 제대로 알아보지도 않고 할 수 없다고 단념해버렸고 동기가 없다는 핑계로 게으름을 변호했다.

영업자는 목표를 구체적으로 눈앞에 그려낼 수 있어야 한다. 나를 찾아온 영업자 대부분은 자신의 꿈을 구체적으로 그리지 못했다. 구체적이지 않기 때문에 어떻게, 무엇을 해야 하는지를 몰랐다. 먼저 자신의 꿈이 진짜 꿈인지, 자신이 왜 그 꿈을 이루고 싶어 하는지를 알아내는 데 시간을 투자해야 한다. 영업 경험이 곧 인생 경험이다. 가진 것에 감사하고 다가오는 것을 잘 받아들일 수 있는 마음의 준비가 필요하다. 당장 눈앞의 변화에만 신경 쓰기보다는 향후 성공한 모습, 풍요로운 인생을 살고 있는 자신의 모습을 상상해보자.

성공학의 대가 나폴레온 힐Napoleon Hill은 말했다.

"마음에 품은 것이 무엇이든, 그것을 강하게 믿는다면 성취할 수 있다."

삶의 모든 순간이 영업이다. 영업 목표는 인생의 목표를 세우는 것처럼 확실하게 세워야 한다. 영업도 삶도 모두 스스로 끌어안고 살아가야 하지 않겠는가. 자신의 목표를 명확하게 기록하고 수시로 다른 사람들에게 공표해보자.

친구에게 비전 설정 코칭을 해준 적이 있다. 영업자는 아니었지만 코칭이 효과가 있을 거라 생각했다. 이 친구는 항상 상황이 꼬였다는 말을 버릇처럼 했다. 대학시절에도 외부 활동을 귀찮아했고 사람들에게 도움받는 것도 도와주는 것도 부담스러워했다. 경조사 자리에서 만날 때면 이런 데 돈을 쓰는 것조차 싫다고 했다. 한마디로 부정적이었다. 부정적인 인식 탓에 언제나 불투명한 미래만 걱정했다. 나는 그의 사고방식에서 긍정적인 포인트를 찾아 그 부분에 초점을 맞췄다. 방법적인 측면과 심리적인 측면으로 코칭했고, 결과적으로 그 친구는 현재 승승장구하는 사업가가 되어 사람에 둘러싸여 살고 있다.

영업력은 누구에게나 필요한 역량이다. 영업에 답이 있으며 그 답은 당신 안에 있다. 그 어떤 누구도 당신에게 동기부여를 해줄 수 없다. 내 코칭은 새로운 무언가를 알려주는 것이 아닌 이미 지니고 있는 것을 발견하고, 일깨우고, 불을 지피는 과정이다. 없는 걸 만들어낼 수는 없다. 나는 영업자 자신의 잠재력을 일시적으로 경험시켜줌으로써 어디서도 꿀리지 않을 자신감을 갖도록 돕는 역할을 할 뿐이다. 결국 본인에게 해낼 수 있다는 신념이 있다면 코칭 없이도 얼마든지 훌륭한 영업자가 될 수 있다.

PART2

절대로 실패하지 않는
영업 불변의 법칙

01
고객의 심리를 이용한 다섯 가지 설득의 법칙

"사람은 대부분 자신만은 휘둘리지 않을 거라고 생각한다. 영업자는 그 심리를 역이용해 영업해야 한다."

상대의 마음을 움직이기 위해 적용된 다섯 가지의 법칙을 살펴보고 고객과의 만남에 적용해보자.

상대성의 법칙

한 웨이터가 손님에게 계산서를 줄 때 사탕 하나를 같이 주기 시작했다. 그러자 팁이 약 3퍼센트 증가했다. 웨이터는 사탕을 더 주면 팁이 증가할지 궁금했다. 다음엔 사탕을 두 개 줬다. 팁이 두 배 증가했을까? 아니다. 무려 4배 이상인 14퍼센트가 증가했다. 그다음엔 사탕을 한 개만 주고 자리를 뜨는 척하다 다시 돌아와 이렇게 말했다.

"손님은 너무 좋은 분이라 제가 사탕 하나를 더 드리겠습니다."

그랬더니 팁이 무려 27퍼센트나 증가했다. 이는 무엇을 주느냐보다 어떻게 주느냐가 더 중요하다는 사실을 단적으로 보여주는 예다. 영업자가 고객에게 부탁을 하거나 부탁을 들어줄 때도 마찬가지니 판촉물을 나눠줄 때도 반드시 고객이 특별하게 느끼도록 줘야 한다.

희소성의 법칙

고객에게 지금 당장 제품을 구매하지 않을 경우에 발생하는 손해를 구체적인 액수로 말해줘야 한다. 고객은 물건의 가치 이상의 돈을 지불하는, 현명하지 못한 소비를 두려워한다. 만약 당장 사지 않으면 더 많은 돈을 지불해야 할지도 모른다는 두려움은 고객으로 하여금 물건을 사게 하는 데 강력한 영향력을 발휘한다.

지그 지글러는 자신의 저서 『진심을 팔아라』에서 고객을 대할 때 이성적 질문과 감성적 질문을 적절히 배합하라고 말한다. 인간 본성에 기초해서 생각했을 때 인간은 본디 얻고자 하는 욕망보다 잃는 것에 대한 두려움이 더 크다. 이런 심리를 이용해 '내일부터는 가격이 오른다'라고 얘기하며 지금 당장 구매하지 않으면 후회할 거라고 부추기자. 만약 고객이 경쟁사 제품보다 가격이 비싸다고 말한다면 이렇게 반문해보자.

"가격 외적으로 들어가는 추가 비용은 생각해보셨나요? 경쟁사 제품보다 비교적 비싼 이유는 고객님께 확실한 혜택을 제공하기 때문입니다. 다른 제품을 사용했다가 마음에 들지 않아 또 구매해야 하는 번거로움과 시간낭비를 생각하신다면 지금 이 제품을 구매하시는 것이 오히려 이득일 겁니다."

이때 고객은 두 제품을 비교하면서 어떤 제품이 더 만족스러울지 고민할 것이다. 고객에게 다시 한 번 묻자.

"만약 고객님이 가격을 따지지 않는다면 어떤 제품을 구매하시겠습니까?"

가격 경쟁에서 우세하지 않을 때는 고객에게 시간과 에너지의 소모를 비용화해서 말하는 게 구매 욕구를 자극하기에 좋다.

또 다른 사례로, 마트 영수증이 있으면 천 원을 할인해주는 카페가 있었다. 처음 가는 곳이었지만 커피가 왠지 맛있을 것 같았고 가격도 2천5백 원으로 저렴했다. 거기에다 천 원을 더 할인해준다는데 가보지 않을 이유가 없었다. 그런데 커피를 사고 할인을 받기 위해 영수증을 건넸더니 아쉽게도 어제부로 행사가 종료됐다고 했다.

사실 2천5백 원도 비교적 저렴한 가격이었지만 당연히 천 원을 할인받을 생각으로 왔는데 제값에 커피를 마셔야 하니 왠지 천 원을 더 내는 기분이 들었다. 이 불쾌함은 대부분 공감할 것이다. 돈 천 원이 문제가 아니라 상대적으로 느껴지는 이 불쾌함이 문제다. 정해진 가격보다 더 많은 금액을 지불해야 한다는 두려움이 발동한 것이다. 단골 고객에게 할인 기간을 미리 알려주는 마케팅 역시 이 두려움을 이용한 마케팅이다. 사지 않으면 손해를 본 것 같은 기분을 자극하면 고객의 소비 심리를 컨트롤할 수 있다.

지위의 법칙

미국의 한 부동산 중개업소는 고객에게 문의 전화가 오면 담당자에게 연결해주기 전에 한마디를 덧붙이는 방식으로 매출을 증가시켰다. 고객이 임대를 문의하면 "잘됐네요. 마침 임대 분야 10년 경력의 A담당자가 있으니 바로 연결해드릴게요"라든지 "토지 매매 관련해서는 B담당자를 연결해드릴게요. 업계에서 20년 가까이 일한 베테랑입니다"라는 식으로 공신력을 더해주는 한마디를 덧붙인 뒤 통화를 넘기는 방식이다. 딱히 거짓도 아니니 윤리적으로도 문제없고 비용도 크게 들이지 않으면서 큰 효과를 낼 수 있는 현명한 영업법이다.

많은 전문가들이 자신이 업계에서 몇 위니, 쓴 책이 몇 권이니 하면서 전문성을 자랑하듯 떠벌리는 것도 이와 같은 이치다. 하지만 전문성이라는 건 자신의 입으로 이야기하면 큰 효과가 없다. 이해관계에 엮이지 않은 제삼자의 추천이나 칭찬이 더 효과가 좋다. 조직에서도 가장 인망이 두텁고 권위가 있는 인물이 내린 명령은 크게 의심하지 않는다. 특별히 눈에 띄는 이상이 없는 한 비교적 손쉽게 넘어간다. 사람은 공신력이 있어 보이는 사람이 승인을 했다는 사실 하나만으로도 금세 안심하고 믿어버리는 경향이 있기 때문이다.

자기화의 법칙

고객을 영업 활동에 직접 개입시키는 방법이다. 처음에는 아주 사소한 부탁으로 시작한다. 직접 방문 시간을 말하게 하거나 피드백을 부탁하거나, 사이트에 제품 리뷰를 작성하게 하는 식이다. 혹은 구매 전 예약금으로 만 원 정도를 걸게 하는 것도 좋은 방법이다. 적은 돈이라도 걸어두면 구매까지 이어질 확률이 높은데, 이때 마음이 변하면 언제든 만 원을 돌려주겠다고 말해야 한다. 그래야 고객이 심리적으로 안정을 느끼고 자신도 모르게 영업자를 신뢰하게 된다. 100퍼센트 고객 자신의 의지로 행동한다는 느낌을 준 다음 서서히 구매의 크기를 키워나가야 한다. 고객이 영업 활동을 자기화하기 시작하면 나중에는 자신의 의지로 적극적이고 공개적으로 영업 활동에 개입하려 한다. 사람은 대부분 자신만은 휘둘리지 않을 거라고 생각한다. 영업자는 그 심리를 역이용해 영업해야 한다.

이미지의 법칙

가전제품 매장에서 마음에 드는 전자레인지에 관심을 보였

더니 직원이 다가와 연예인 최모 씨가 쓰는 전자레인지라며 방송에 나왔던 캡처 사진을 보여줬다. 당시 이 전자레인지는 온라인보다 매장에서 더 저렴하게 팔고 있었다. 직원은 구매자 리스트를 보여주면서 다른 제품과 충분히 비교해보라며 자신감을 드러냈다. 다른 제품들과 비교해봤더니 비슷한 사양에 비슷한 가격의 제품들도 많았다. 하지만 결국 나 역시 가장 많은 사람이 구매한 제품이면서 유명 연예인이 쓰고 있다는 이 전자레인지를 구입했다.

"판매량 1위, 고객들이 가장 많이 사용하는 제품입니다."

"연예인 누구도 이 제품을 사용하고 효과를 봤다고 합니다."

이러한 말들은 모두 구매를 촉진시키는 광고 카피다. 다른 사람들도 많이 쓰는 제품이라면 왠지 안심이 되고 유명 연예인이 이 제품을 사용하는 이미지가 자연스레 그려진다. 사실 어떤 연예인이 쓰건 그게 대체 무슨 상관인가. 이 정도 사실은 누구나 알겠지만 결국 답은 판매량이 말해준다. 알면서도 구매하기 때문에 뻔한 마케팅일지라도 계속 사용된다는 것을 인지해야 한다.

첫인상을 좋게 하라,
언제나 미소를 지어라,
가까울수록 예절을 지켜라.

- 클레멘트 스톤

02

속마음을 내뱉게 만드는 개방형 질문법

"사실 고객이 진정 관심 있는 건 제품도 영업자도 아닌 그것들을 마주하고 있는 자기 자신의 마음이다."

지금도 잊지 못하는 신입사원 시절의 해프닝은 나로 하여금 고객에게 질문할 때 한 번 더 조심하게 한다. 고객에게 자사 제품 사용 경험에 대해 이렇게 질문한 적이 있다.

"우리 제품을 안 쓰시는 특별한 이유가 있나요?"

질문을 들은 고객은 격양된 말투로 내게 쏘아댔다.

"내가 쓰고 싶은 제품 내 마음대로 선택해서 쓴다는데, 당신이 뭐라고 내게 심문하듯 묻죠?"

순간 나는 당황해서 어쩔 줄 몰라 죄송하다는 말만 반복했다. 이 사건은 지금도 내가 고객에게 질문할 때 '고객이 가치를 느낄 수 있는 질문'인지 아닌지를 습관적으로 생각하는 계기가 됐다.

질문에도 분명 요령이 필요하다. 질문을 해야지 절대 심문을 해서는 안 된다. 내가 주로 사용하는 개방형 질문법을 말해주겠다. 개방형 질문은 5W(who, what, where, when, how, why), 1H(how)를 적절히 사용하여 만들면 좋다. 예를 들면 이런 식이다.

"저희 제품을 사용하지 않는 특별한 이유를 여쭤도 괜찮을까요?"

"어떤 점이 A제품의 장점이라고 생각하시나요?"
"언제부터 A제품으로 바꿔서 사용하실 생각이신가요?"
"누구에게 여쭤보면 가장 확실히 알 수 있을까요?"
"사용해보니 효과가 어떤가요?"

물론 고객이 바쁠 때는 폐쇄형으로 질문하거나 단답할 수 있게 질문해야 한다. 상황 파악 못하고 개방형 질문으로만 물으면 고객은 불쾌해한다. 질문할 때는 고객의 표정과 몸짓을 잘 살펴야 한다. 만약 고객이 무표정하고 미동도 하지 않거나, 미간에 주름살이 생기거나, 고개를 자주 갸우뚱거리거나, 시선이 오른쪽 위, 왼쪽 아래를 향하거나, 주변 소음에 관심을 가지기 시작하면 질문을 멈추어야 할 때다. 당신의 질문이 고객의 마음에 닿지 않고 있다는 증거다. 사실 고객이 진정 관심 있는 건 제품도 영업자도 아닌 그것들을 마주하고 있는 자기 자신의 마음이다. 제품 이야기를 하는 척하며 고객에 대해 질문해보자. 효과가 좋으면 고객 스스로 속마음을 내뱉게 할 수 있다. 아래 대화는 내가 영업할 때 실제 고객과 나눴던 대화다.

"저희 회사 제품은 XYZ 효과와 안전성이 있고, ABC 장점이 있습니다."

"……(시선이 왼쪽 아래를 향함)."

"다른 업체도 자기네 제품이 제일 좋다고 갈하겠지요. 그런데 저는 선생님의 경험이 가장 중요하다고 생각합니다. 선생님께서 그 제품을 사용하시는 데는 분명 특별한 이유가 있을 테니까요. 저는 제품 이야기보다는 선생님의 실질적인 경험을 듣고 싶습니다."

"네 맞아요. 중요한 건 직접 써봐야 아는 거니까요. 제가 써보니……."

성공적인 반응이다. 이다음부터는 고객의 이야기를 그저 최대한 성심성의껏 경청하면 된다. 그 속에 제품에 대한 속마음이 가득 담겨 있을 테니, 이야기가 끝나고 나면 영업자는 고객이 원하는 답만 들려주면 된다. 이때쯤 영업은 이미 성공한 것이나 다름없다.

03

1%의 영업자는 일류 배우처럼 말한다

"영업자는 제품과 자신을 동일시해야 한다. 어쩌면 고객은 제품이나 서비스가 아닌 영업자를 사는 것인지 모른다."

회사에서 젊은 영업 리더들을 선발해 교육하는 시간이 있었는데 골다공증이 있는 할머니를 사례로 발표해야 했고 내가 발표자로 선정됐다. 그냥 평이하게 발표하면 듣는 입장에서 감흥이 덜할 것 같아 사례 속 할머니와 비슷한 친할머니를 떠올려가며 연기를 더해 발표했다. 다른 조는 단순히 설명하듯 했기 때문에 우리 조가 전체 평가에서 만장일치로 1등을 했다.

나는 영업자도 메서드 연기 Method acting를 하는 배우처럼 영업해야 한다고 생각한다. 연기도 영업도 깊이 몰입할수록 호소력이 짙어진다. 영화「살인의 추억」에서 80년대 형사를 연기하고「우아한 세계」에서 생계를 걱정해야 하는 퇴물 조폭을 연기한 송강호는 배역을 연기한다기보다 배역 자체가 된다.

고객을 만날 때도 강의할 때와 마찬가지로 배우처럼 말해야 한다. 나도 청중 앞에 설 때 스스로 배우라고 생각하고 강연한다. 고객을 만나기 전 대본을 읽는 것처럼 영업 리허설을 해보기 바란다.

프로겜블러 이태혁의 『지면서 이기는 관계술』에는 고도의 심리전으로 가득한 포커 게임 이야기가 나온다. 프로겜블러는 상대의 표정을 세밀하게 살핀다. 좋은 패가 들어오면 미소를 짓는지, 나쁜 패가 들어오면 찡그리는지, 아니면 그 반대인지.

하지만 표정에 일정한 패턴이 없어 무슨 패를 가졌는지 좀처럼 갈피를 잡기 힘든 사람이 바로 포커페이스의 소유자다. 게임이 진행될수록 포커페이스를 유지한 이들이 돈을 차지한다. 포커페이스를 익힌 남자는 1996년 세계 포커 대회에서 우승했다. 무슨 생각을 하는지 알 수 없는 표정이 승리를 부르는 것이다.

나 역시 어떠한 상황에도 당황하지 않고 평정심을 유지하려고 훈련한다. 마치 모든 상황을 예견하기라도 한 듯, 혹은 같은 상황을 몇 번이고 헤쳐온 베테랑 같은 태도를 연구한다. 성공한 사람처럼 말하려면 그 순간에는 자신이 진짜 성공한 사람이라고 믿어야 한다. 목소리 톤도 중요하다. 한 문장을 말하더라도 소신과 확신에 찬 목소리로 당당히 말하려고 노력하며 정확한 발음을 위해 주기적으로 혀를 굴리고 연필을 문 상태로 자료를 읽기도 한다. 그러면 입 주변 근육의 미세한 움직임까지 느낄 수 있다.

이처럼 수많은 시뮬레이션을 반복하는 이유는 고객이 어떠한 반응을 보일지 모르기 때문이다. 물론 대부분의 고객은 성격이나 직업에 따라 일정한 반응 패턴이 있다. 하지만 방심은 금물이다. 언젠가 한 번은 고객에게 "A 제품의 효과가 어떤가요?"라고 물었다. 당연히 지난 방문 때와 똑같이 "효과가 약하다"라고 대답할 줄 알았는데 그날따라 긍정적인 답변이 돌아왔다. 다행히도 부정적 반응과 긍정적 반응을 나눠 미리 답변을 준비해둬서 잘 넘어갈 수 있었다. 독일의 대문호 괴테도 어려운 일이나 곤란한 일에 직면했을 때면 몇 시간씩 상상의 대화를 나누었다고 한다. 나도 종종 고객 입장이 되어 상상의 대화를 나누는데, 실제 고객을 응대할 때 많은 도움이 된다.

단지 제품의 특장점만을 나열하면 고객은 흥미를 잃는다. 영업자는 제품과 자신을 동일시해야 한다. 어쩌면 고객은 제품이나 서비스가 아닌 영업자를 사는 것인지 모른다. 창의력을 발휘해 연기해야 하고 진심을 전달해야 한다는 점에서 영업자는 예술가이기도 하다. 판매에 너무 집착하면 오히려 역효과가 날 수도 있으니 스스로를 옭아매지 말자. 속박 없이 자유로운 상태에서 자연스러운 태도가 나온다. 연극이나 뮤지컬을 보면 같은 내용이라도 출연 배우가 누구인지에 따라 관객의 흐응이 갈리는 것처럼, 똑같은 제품이나 서비스도 영업자가 누구인지에 따라 고객이 느끼는 차이는 크다. 자, 당신은 어떤 배우가 될 것인가.

04
100장의 명함을 주고
50장의 명함을 수집하라

"기존 고객 관리는 철저해야 한다. 설사 퇴사를 하고 다른 일을 하더라도 당신의 마음에는 고객과 관계한 경험이 그대로 남아 있다."

앞서 말했듯 영업자에게는 자존감이 중요하다. 제주에서 자동차 영업 실적 1위를 지키고 있는 영업자가 있다. 그는 영업 초기 3개월 동안 매일 명함 100장을 가지고 제주 시내에 눈에 보이는 가게에 무작정 들어갔다고 한다. 매일 100장의 명함을 주고 50장의 명함을 수집했고 주말에는 수집한 고객 정보를 문서화했다. 3개월 이후부터는 주말마다 현수막을 200개씩 설치했다. 그의 영업 방식은 투박했지만, 3년이 지난 지금 그는 몇 년째 제주 지역 실적 1위뿐 아니라, 호남 지역을 포함해도 몇 번이나 1위를 차지했다고 한다. 월수입은 수천만 원으로 뛰어올랐고 현재는 기존 고객들의 소개를 받으며 안정적으로 실적을 올리고 있다.

나는 명함을 교환할 때마다 명함에 상대방의 인상착의와 했던 말, 처음 연락한 날짜와 시간을 적는다. 어차피 명함은 나 혼자만 볼 것이기 때문에 낙서해도 무방하다. 따로 정리하려면 번거로우니 나쁘지 않은 방법이다. 요즘엔 디지털 명함 정리기도 있다지만 직접 메모하는 행위가 주는 효과는 무시할 수 없다. 아무래도 기억이 더 잘 난다.

고객의 마음은 언제든 바뀔 수 있다는 것을 항상 염두에 두어야 한다. 그래야 고객의 마음이 바뀌었다고 해도 당황하지 않고 마음을 되돌리거나 유종의 미를 거두어 후일을 도모할 수 있다. 그래서 더욱이 고객과의 관계를 소홀히 하지 말라고 당부하고 싶다. 영업 지역을 옮기더라도 기존 고객 관리는 철저해야 한다. 설사 퇴사를 하고 다른 일을 하더라도 당신의 마음에는 고객과 관계한 경험이 그대로 남아 있다. 신념을 가지고 지속적으로 영업하는 힘을 키워나가길 바란다.

실패하는 사람들은
목적지에 얼마나 가까이 왔는지 모르고
포기해버린다.

- 토머스 에디슨

05

감성을 건드리는
영업자의 문장력

"분위기가 무르익었을 타이밍에 고백하듯 영업을 펼쳐나가자. 그렇다고 절대 스토커가 되어서는 안 된다."

고객은 영업자와의 대화 시간을 아까워한다. 듣는 둥 마는 둥 영혼 없이 대답하며 속으로는 '아, 빨리 시간이 갔으면 좋겠다'라고 생각할지 모른다. 열 길 물 속은 알아도 한 길 고객 속은 모르는 일이다. 장황하게 말하지 말자. 영업자의 시간도 낭비되니 최대한 핵심적인 문장이나 단어를 선택해 결론부터 말하는 능력을 길러야 한다. 고객이 바쁜 상황에서 중요한 이야기를 뒤로 미룰 필요는 없다. 핵심 메시지만 전하기에도 시간은 촉박하다. 최대한 간결하고 명확하게 내용이 전달되도록 불필요한 조사나 부사의 사용을 자제하자. 고객이 언제까지나 영업자의 이야기에 응해줄 거라 생각해서는 안 된다.

Proactive: 상황을 주도하라

고객은 모두 자신만의 방식으로 영업자의 이야기를 받아들인다. 고객에 따라 응대 방식이 달라야 하는 이유다. 특히 방문을 거부하는 고객에게는 먼저 선수를 날려야 한다.

첫째, 전달하려는 메시지를 간결하게 정리해두자. 고객은 이야기를 길게 끄는 걸 싫어한다. 1분 안에 중요 메시지를 최대한 녹여낼 수 있는 영업자가 진정 유능한 영업자다. 메시지를 준비할 때는 고객이 원하는 게 무엇인지 분석적으로 접근해 고객을 심도 있게 파악해야 한다.

둘째, 감성적인 사례를 준비하자. 아트스피치의 대가 김미경 원장님은 스피치를 잘 하려면 시작한 말로 다시 돌아오는 A-B-A 스피치를 해야 한다고 말한다. A로 시작해 B로 감성을 건드린 후 다시 A로 돌아왔을 때 스피치는 최고조에 달한다. 감성적인 사례를 찾는 것이 중요하다. 대화뿐 아니라 이메일이나 문자 자료를 준비할 때도 유용하다.

셋째, 고객에게 거절의 진짜 이유를 물어보자. 내 경우에는 고객이 자사 제품을 쓰지 않는 정확한 이유를 파악하기 위해 최대한 기분 나쁘지 않게 질문을 던진다.

"저희가 어떻게 해드리면 좋을까요?", "특별히 다른 제품을 선호하시는 이유가 있으신가요?", "저희 제품을 잘 쓰지 않으시는 특별한 이유를 여쭤도 될까요?"라고 질문하면 고객은 대부분 솔직하게 대답해준다.

넷째, 고객이 싫어할 것 같은 방문이라면 미리 양해를 구하자. 가장 좋은 방어는 공격이라는 말이 있듯 방문을 거절할 듯한 고객에게는 먼저 이야기를 꺼내는 것이 좋다. 예를 들어 고객에게 급하게 가야만 하는 상황이라면 선호하는 소통 수단을 미리 파악해 연락하자. 특히나 공간적으로나 시간적으로 민감한 고객에게는 미리 양해를 구하는 것이 좋다.

Purpose: 목적을 상기시켜라

고객은 결론적인 주요 사항부터 듣고 싶어 한다. 보고하는 입장에 있는 사람은 어떻게 자신의 상황과 감정을 결론에 잘 섞어 설득력 있게 전달할지, 듣는 이의 입장에서 미리 생각해보는 것이 좋다. 또한 대화를 잘 풀어나가기 위해서 내용을 구성하는 요령도 중요하다.

첫째, 방문 목적과 시간을 먼저 말하라. "오늘 (몇)분 정도의 시간 동안 (무엇)에 대해 이야기하겠습니다"라는 식으로 첫 문장부터 구체적인 단어를 활용하라.

둘째, 화제를 전개하라. 에피소드를 활용해도 좋고, 오감을 자극하는 언어를 사용하면서 천천히 강조해도 좋다. 중요한 건 상대를 배려하고 상대방 입장에서 받아들이기 좋은 이야기여야 한다는 점이다.

셋째, 말한 것을 한 번 더 요약하라. 대화를 끝내기 전에 주요 사항을 다시 한 번 정리해 브리핑해야 한다. 그래야 고객이 내용을 정확히 파악하고 일이 진행된다는 느낌을 받을 수 있다.

내 경우에는 고객에게 방문하기 전에 "오늘은 제품 효과에 대해 여쭈려고 방문했습니다"라고 방문 목적부터 밝힌 뒤 "오늘은 제품의 안전성 자료를 잠시 보여드리고자 하는데, 선생님께도 유익한 자료라 생각합니다. 참고하시면 도움이 될 것 같아 준비했습니다"라며 가치 있는 시간이 될 거라는 점을 인식시킨 다음 "그리고 지난번 말씀해주신 내용도 함께 논의하려 합니다"라는 식으로 고객이 원하는 것을 준비했다는 뉘앙스를 풍긴다. 목적을 뚜렷하게 말하라. 그래야 고객의 뇌리에 중심 내용이 심어진다. 고객이 큰 그림을 그릴 수 있게 하는 게 중요하다. 고객의 시간은 소중하다. 1분을 대화하더라도 도움이 되는 내용이라는 사실을 알려야 한다. 영업에는 다양한 요소가 필요하지만 결론부터 말하는 습관은 반드시 실천하기 바란다.

Propose: 구애하라

A 고객의 경우 맥주를 상당히 좋아했다. 고객 대부분이 술자리에서는 제품이나 영업 관련한 이야기를 피하려 한다. A 고객도 그랬다. 그보다는 주로 자신의 이야기를 하고 싶어 했다. 업무적인 부분부터 사소한 인간관계 문제까지 자신의 사적인 이야기를 내게 쏟아내곤 했다. 이럴 때 영업자는 경청해야 한다. 고개를 끄

덕이며 안타까운 심정을 표현하기도 하며 충분히 공감하고 있다는 반응을 보여야 한다. 이런 개인적인 이야기를 영업자에게 한다는 것부터가 이미 영업자를 신뢰한다는 증거이기도 하다.

A 고객은 맥주 한잔 하고 싶을 때면 언제나 내게 먼저 연락해 스케줄을 물었다. 나 역시 특별히 일이 없을 땐 A 고객과 만나 이런저런 이야기를 나눴다. 고객이 원하는 건 그저 술 한잔하며 하루를 즐겁게 마무리하는 것이었다.

영업력은 이런 인간적인 관계에서 더 빛을 발한다. 결론적으로 나는 A 고객 덕분에 두 업체에 두 가지 제품을 동시에 납품하게 됐다. 담당 지역이 바뀐 후에도 A 고객과는 종종 맥주 한잔씩 하며 지낸다.

나는 영업자들에게 이렇게 당부하고 싶다.

"고객도 사람이다. 연인에게 구애하듯 감성을 건드려야 한다. 어쩌면 이것이 영업의 최우선이고 핵심이다. 구애에 성공하면 고객이 먼저 당신을 찾는다. 영업은 연애와 비슷하다."

영업자보다 고객이 더 이야기를 많이 하기 시작하면 그 영업은 성공할 확률이 높다는 연구 결과가 있다. 이 말을 명심하여 고객의 이야기를 경청하고 공감하려 노력해야 한다. 분위기가 무르익었을 타이밍에 고백하듯 영업을 펼쳐나가자. 그렇다고 절대 스토커가 되어서는 안 된다.

06
아우라가 느껴지는 프레젠테이션의 법칙

"프레젠테이션을 잘한다고 소문난 이들의 스피치에는 각자의 아우라가 있다."

나는 어렸을 때부터 앞에 나서기 좋아했다. 친구들 앞에서 노래도 곧잘 부르고, 코미디 프로그램의 유행어를 열심히 흉내 내는 개구쟁이였다. 유년 시절의 적극성은 나이 들어서도 여전해서 프레젠테이션 기회가 있으면 먼저 적극적으로 발표하는 편이다. 발표 경험이 쌓이면 영업력에 도움이 될 거라 여겼고, 같은 영업자 동료들의 피드백은 무엇보다 유용하기 때문이다. 하지만 프레젠테이션은 할 때마다 떨리고 용기가 필요하다. 사내 프레젠테이션 테스트는 정말 부담스러웠는데, 특히 연초 대규모 강당에서 한 프레젠테이션 중 크게 난감한 적이 있었다. 제품에 대해 공부해 오라는 얘기를 귀담아듣지 않았고, 발표자를 무작위로 세 명만 정할 거라는 말에 설마 내가 걸리겠거니 하고 방심했다가 된통 망신당한 사건이다.

교육 당일 나는 여느 때와 마찬가지로 제일 앞자리에 앉아 있었다. 오후 5시경, 하루 종일 교육받느라 배고프고 졸리고 피곤한 상황에서 발표 테스트가 시작됐다. 미리 공부해 온 사람에게 발표 우선권을 줄 테니 할 사람 있냐고 물었지만 역시나 아무도 손들지 않았고 나도 눈을 마주치고 싶지 않아 옆자리 선배와 얘기하는 척했다. 그런데 갑자기 각 팀당 한 명씩 발표하는 방식으로 분위기가 바뀌어 발표가 마치 팀 대결처럼 변했버렸다. 나는 순간 '에라 모르겠다, 될 대로 되라지. 아는 만큼만 애드리브로 해보자'라는 심정으로 손을 들었다. 지금 생각해보니 잠깐 제정신이 아니었던 것 같다. 주위에서는 함성과 박수가 터졌다. 무슨 올림픽에 나가는 것도 아닌데 팀 대결이 되니 구경하는 사람들은 한껏 신났다.

박수와 함성을 뒤로한 채 당당히 걸어 나가 앞에 섰지만 아찔하고 어지러웠다. 앉아 있을 때는 몰랐는데 앞에 서 보니 영업본부장님까지 포함한 약 80명의 직원들로 가득했다.

결과는 어땠을까.

혀는 꼬이고 슬라이드도 제대로 운용하지 못했으며 분위기도 전혀 주도하지 못한 최악의 프레젠테이션을 했다. 엎친 데 덮친 격으로 다른 팀의 발표자들은 대단한 실력자였다. 상대적으로 엄청나게 비교됐다. 창피한 마음에 그들의 발표를 듣고 앉아 있을 수가 없었다. 나는 팀장에게 얘기하고 조용히 교육장을 빠져나왔다. 그래야 숨을 쉴 수 있을 것 같았다. 프레젠테이션이 끝나자 머리를 어디에 심하게 박은 것 같은 두통이 몰려왔다. 내 생에 최악의 프레젠테이션이었다.

홀로 사무실에 앉아 하고 싶었던 말을 제대로 못 하고, 의도대로 발표하지 못한 이유를 분석해보았다.

첫째, 청중을 고객이라고 생각하지 않았다.

고객 앞이라고 가정하고 발표했어야 했는데, 무의식적으로 단순히 회사 동료들이라고 생각했다. 고객 앞에서는 정보 우위에 있기 때문에 자신 있게 말할 수 있었지만 비슷한 지식을 갖고 있는 동료들 앞이라서 조금 겸연쩍어했다. 결과적으로 생각해보면 그냥 과감히 했어야 했다. 어차피 각자의 스타일이 있기 때문에 이런저런 피드백을 시원하게 받는 편이 나았다. 그냥 하던 대로, 처음에 생각한 대로 심플하게 밀고 나갔어야 했다.

둘째, 사전 준비가 너무 미흡했다.

발표 준비도, 리허설도 전혀 하지 않았다. 그나마 다행인 건 몇몇 슬라이드는 다른 곳에서 이미 발표해봤던 터라 애드리브로 넘어갈 수 있었다. 하지만 모르는 내용의 슬라이드가 나왔을 때는 버벅거릴 수밖에 없었다.

셋째, 청중과 호흡하지 못했다.

청중과 호흡을 맞추면서 자연스럽게 발표해야 하는데 오히려 박수와 함성 소리에 긴장해버렸다. 심지어 내 마지막 멘트는 이랬다.

"졸려서 횡설수설했지만 그래도 발표를 잘 들어주셔서 감사합니다."

청중은 크게 웃었다. 나는 충분히 잘할 수 있었을 프레젠테이션을 완전히 망쳤다. 이번 실패에서 영업자는 어떠한 상황에서도 마치 준비한 것처럼 술술 발표할 수 있는 상태를 유지해야 한다는 것을 배웠다. 이 사건을 계기로 더 나은 프레젠테이션을 위한 매뉴얼을 세 단계로 나누어 만들었다.

준비

준비 단계에는 리허설이 중요하다. 거기에 프레젠테이션에 필요한 빔 프로젝터와 포인터, 그리고 동영상을 상영하기 위한 스피커 등의 장비가 잘 갖춰져 있는지도 확인해야 한다. 없다면 본인이 직접 가지고 가야 하기 때문이다. 청중의 반응에 따라 나눠 줄 기념품을 준비해도 좋다. 나는 주로 책을 준비했는데, 읽어 본 책 중 좋았던 책이나 내 개인 저서를 준비했다. 무엇보다도 발표 내용의 A to Z에 해당하는 모든 과정을 숙지하는 게 중요하다. 그래야 실수를 해도 자연스럽게 애드리브로 넘길 수 있다. 신입사원 때는 제품 상세사항을 완벽히 숙지한 뒤 고객이 무엇을 궁금해할지를 유추해 Q&A를 만들었다. 어떤 고객이 "혹시 제품을 본인이 만드셨나요? 마치 자기가 만든 것처럼 발표하시네요"

라고 했을 때 내가 제품 설명을 제대로 하고 있다고 확신했다. 하지만 준비 단계에서 가장 중요한 건 절대적으로 리허설이다. 선배들의 스피치 영상을 보고 그들의 강점과 단점을 선별해 내 것으로 만들어야 한다. 또한 자신의 스피치도 끊임없이 모니터해야 한다. 발표하기 전에 눈을 감고 심호흡한 뒤 내 발표를 듣고 있는 청중이 되어보자. 그다음 내게 어떤 말을 해주고 싶은지 생각해보자. 일단 상위 1% 영업자들의 스피치를 따라 해보는 게 제일 효과가 좋다. 아무 생각 없이 백 번 리허설 하느니 한 번을 하더라도 기준이 있는 게 낫다. 프레젠테이션을 잘한다고 소문난 이들의 스피치에는 각자의 아우라가 있다.

실행

실행 단계에는 여유가 필요하다. 막상 예상보다 청중의 반응이 안 좋으면 누구나 당황한다. 그럴 땐 재빨리 차선책으로 노선을 바꿔 발표해야 한다. 청자를 사로잡지 못하면 내용이 아무리 좋아도 성공했다고 볼 수 없다.

발표를 게임처럼 생각하자. 잘해야 한다는 강박은 사람을 경직시킨다. 평소에는 유연하게 사고하고 여유 있는 사람도 긴장하면 목석이 되긴 마찬가지다. 영업 잠재력을 깨우기 위해서는 프레젠테이션을 놀이처럼 할 줄 알아야 한다. 영업자가 프레젠테이션을 즐기면 즐길수록 청중도 반응한다.

피드백

프레젠테이션을 하고 나서 즉시 피드백을 받아야 도움이 된다. 고객을 상대로 발표한 경우에는 뒤풀이 자리가 마련되니 그때 함께 식사를 하면서 많은 이야기를 나눌 수 있다. 그 자리에서 고객이 던지는 질문에 그날 프레젠테이션의 당락이 결정된다. 참석자가 3일 이내에 재방문한다면 대성공이다. 프레젠테이션은 고객에게 인상을 남길 수 있는 가장 중요한 기회이기 때문에 준비부터, 실행, 피드백까지 자연스럽게 흐름을 타야 성공할 수 있다.

사람은 누구나 사는 방식, 생각의 차이가 있고, 영업자도 자신만의 프레젠테이션 스타일이 있다. 주변 반응에 일희일비하기보다는 내가 잘할 수 있는 프레젠테이션에 최선을 다하는 것이 현명한 선택이다. 맞춤형 프레젠테이션을 반복 연습하는 영업자는 반드시 성공한다.

나는 할 수 있다,
나는 해낸다,
나에게는 저력이 있다,
나에게는 오직 전진뿐이다,
이런 신념에서 나오는 습관이 목표를 달성시킨다.

— 단테

07
오감을 자극하는 디테일 영업

"우리도 돌고래처럼 텔레파시를 사용하면 좋겠지만 사람에겐 언어와 오감뿐이다."

러시아에서 여성의 가슴이 반쯤 노출된 광고 사진을 크게 게시한 서른 대의 트럭이 하루 종일 거리를 활보했다. 그날 발생한 교통사고는 평소의 수십 배인 517건이었다. 백문이 불여일견이라는 말처럼 사람은 시각적인 이미지에 굉장히 약하다. 특히 남자는 더 그렇다. 요즘은 텍스트가 아닌 이미지의 시대. 섹시해야 한다는 말은, 자극을 통해 관심을 끌 수 있어야 한다는 말이고 관심을 끌기 위해서는 고객의 감각을 건드려야 한다.

　　낯선 이에게 공익 캠페인 서명을 부탁하는 실험에서, 팔 위쪽을 한 번 건드리면서 부탁한 경우 터치 없이 부탁했을 때보다 서명자가 25퍼센트나 증가했다고 한다. 이는 성별과 관계없이 동일하게 나타난 수치다. 영업에도 충분히 적용해볼 만한 방법이다. 이렇게 간단한 터치 스킬만으로도 일종의 신뢰관계를 형성할 수 있는 것처럼 영업할 때도 고객의 시각, 촉각, 미각, 후각, 청각 등 오감을 자극하는 것이 중요하다. 고객은 특히나 영업자에게 모래

사장을 걷는 맨발처럼 예민하다. 맨땅이면 느끼지도 못하고 지나쳤을 약간의 불순물도 디테일하게 느낀다. 그렇기 때문에 고객에게는 직접적인 표현보다 은유적인 표현을 사용하는 것이 좋다. 비유, 직유를 적절히 활용하라. 사물이나 상황에 빗대어 이야기하면 고객은 더 쉽게 공감한다. 누구나 기본적인 오감이 있지만 사람마다 오감을 활용하는 방법은 다르다. 시각적으로 예민한 고객에게는 다양한 색상이 들어간 자료를 준비해서 보여주면 관심을 끌 수 있다. 후각이 예민한 고객에게는 상황에 맞는 향수를 뿌려서 자극하는 것도 방법이다. 향이 나지 않는 것보다는 인상을 남기는 데 도움이 된다. 청각이 예민한 고객은 신뢰감 있고 편안한 목소리에 집중할 것이다. 또한 여성들은 남성보다 촉각이 민감하기 때문에 아이패드 등으로 직접 자료를 넘겨보게 하는 식으로 풍부한 감각적 경험을 제공하는 것이 좋다.

다국적 기업의 CEO들은 상대의 오감을 활용하는 능력이 좋다. 그들의 이야기를 듣다 보면 마치 하와이 와이키키 해변의 파란 바다가 눈앞에 보이고, 황금빛 석양이 모래를 비추면서 반짝거리는 모습이 눈에 보일 듯하다. 표현이 생생하다는 말이다. 그들은 사람의 오감을 자극함으로써 감정적인 동요를 일으키는 데 일가견이 있는 사람들이다. 그들의 말은 귀에 쏙쏙 들어오며 관심을 끄는 단어를 잘 사용한다.

'KISS'라는 말이 있는데 입과 입으로 하는 것이 아닌 'Keep It Short&Simple'의 줄임말이다. 즉 짧고 명료하게 핵심 메시지를 전하라는 뜻이다. 언뜻 들으면 빠른 속도로 얘기해야 할 것 같지만 오히려 그 반대다. 강조 효과는 천천히 얘기했을 때 더 강하다. 1분 엘리베이터 스피치를 할 때도 절대 속사포처럼 쏘아대지 말고 강조하고자 하는 핵심 메시지를 천천히 얘기하는 것이 포인트다. 침묵도 중요하다. 고객에게 질문을 한 다음이나 중요한 얘기를 하기 전에는 반드시 1~2초 정도 침묵하는 것이 좋다.

고객 중에는 두 귀를 막고 아무 얘기도 듣지 않으려는 고객도 있다. 나는 이런 고객이라도 포기하지 않고 짧게나마 자주 보면서 1분 엘리베이터 스피치를 반복했다. 그러면서 언제나 고객의 기분을 살폈다.

'왜 저 고객은 내 얘기를 안 들을까?', '과연 무슨 생각을 할까?'

나는 할 말이 많은데 고객이 듣지 않을 땐 고객이 내 이야기를 어떻게 듣고, 어떻게 느끼고 있을지 상상했다. 영업자라면 이런 고민 한 번쯤은 해봤으리라 생각한다. 이렇게 매 순간 고객 입장을 가늠하고 고려하다 보면 점점 대화가 매끄러워지는 걸 느낄수 있다. 노력 끝에 대화를 성공적으로 마치고 나면 고객과 신뢰관계가 형성된다.

매칭&미러링 기술도 효과가 있다. 사람에게는 거울 뉴런이 있기 때문에 다른 사람의 행동을 무의식중에 따라 한다. 예를 들어 술을 마실 때 앞사람이 술잔을 들면 자신도 똑같이 따라 들게 되는 것과 같다. 나는 고객이 말하는 중에 눈치채지 못할 정도로 자연스럽게 고객의 행동을 따라 한다.

고객과 감각을 공유하기 위해서는 고객에 대한 데이터가 많아야 한다. 그래서 질문이 중요하다. 약속을 잡을 때는 언제 시간이 괜찮은지 묻고, 선호하는 음료가 무엇인지도 파악해두자. 자료를 전할 땐 이 자료를 원하는지 아닌지 확인하고 전달하자. 사소한 특징도 메모하고 자주 업데이트해야 한다.

고객의 소통 방식은 정말 다양하다. 영업자와 직접 대면하는 것보다 이메일로 소통하는 것을 선호하는 고객이 있었는데, 영업자들은 이 고객을 상대하기 어려워했다. 하지만 아무리 어려워도 고객이 선호하는 소통 채널을 맞춰주는 것이 성공적인 영업의 길이다. 이 고객에게는 새로운 제품 정보가 있으면 언제나 이메일로 자료를 보냈다. 회사에서 진행하는 정기적인 프로모션이 있을 때나 미팅 약속을 잡을 때도 이메일로 알렸다. 이메일을 쓸 때는 고객의 스타일에 맞게 쓰는 것이 중요하다. 사적인 내용은 제외하고 간단명료하게 용건만 쓰도록 하자.

고객이 영업자와의 만남을 불편해할 수도 있다. 그럴 경우엔 고객에게 제품 관련 자료만 보여드리겠다고 말한 후 브로슈어 내용에만 집중할 수 있도록 분위기를 만들어주자. 고객이 관심 있게 보는 내용을 캐치해야 하니 고객이 의식하지 못할 정도로 시선을 살피면서 선호도를 파악하자. 고객은 이러한 영업자의 태도에서 자신이 배려를 받고 있다고 느낀다.

또한 고객은 자신이 듣고 싶은 것만 듣는 경향이 있기 때문에 우선 고객이 물어본 것 위주로 대답해야 한다. 그래야 흥미를 느낀다. 영업자는 고객에게 새로운 정보만 전달해주고 싶지만 고객 입장에서는 이미 정보가 너무 많아 과부하를 느끼기도 하고 자신이 포용할 수 있는 정도 이상의 정보를 강요당하면 기분 나빠하기도 한다. 이럴 때 영업자는 가장 단순하면서 핵심적인 정보만 전달하는 것이 좋다.

굉장히 바쁜 고객을 우연히 복도에서 만난 적이 있었다. 타 제품과의 비교 설명을 위한 자료를 준비한 상태였는데, 고객의 표정이나 몸짓을 보니 설명을 들을 만한 상황이 아닌 것 같았다. 그래서 아주 잠깐 시간 괜찮겠냐고 물은 뒤 걸음을 멈추지도 않은 채 다짜고짜 이렇게 말했다.

"이 제품 가격은 763원입니다."

"네? 무슨……. 아, 그 제품이요? 지금 쓰는 것보다 100원 이상 저렴하네요?"

"네 맞습니다. 같은 사양에서 유일한 가격이고 물량도 당장 준비

되어 있습니다."

이처럼 가끔은 준비한 자료를 구구절절 다 설명하지 않고 단 몇 마디만으로 영업해야 할 때가 있다. 그 타이밍을 잘 포착하는 것이 중요하다.

패트릭 랑보아제는 사람의 뇌를 '사고하는 신뇌', '느끼는 중뇌', '결정하는 구뇌'로 구분해 고객의 행동을 설명한다. 이 중 '결정하는 구뇌'의 자극과 반응에 따라 구매 행동이 나타난다고 말한다. 고객의 행동을 이끌어내기 위한 아주 짧은 오프닝을 생각해보자. 예를 들어 신제품이 나왔을 때 "신제품이 나왔어요. 한번 써보세요"라고 말하는 것보다 "새로 나온 제품의 달라진 느낌을 경험해보실래요?" 또는 "신제품을 한번 써보시고 느낌을 말씀해주실래요?"라고 물어봤을 때 단순히 제품을 사용하라고 말했을 때와는 다른 반응이 나타난다는 것이다. 그렇기 때문에 고객이 어떻게 느낄지를 생각하고 첫마디를 던져야 한다. 고객은 큰 고민 없이 쉽게 사용할 수 있는 제품을 선호한다. 제품의 효과가 다른 제품들과 비슷하다면 그다음엔 안전성이 중요하다. 이처럼 영업자는 고객이 느끼는 가치의 순위를 알아야 한다. 이를 알기 위해서는 일방적인 설명이 아니라 고객이 느끼는 감각을 질문을 통해 경청해야 한다.

여자 친구 생일날 레스토랑에 갔다. 이 레스토랑은 내가 고객을 접대할 때면 언제나 찾는, 맛도 분위기도 가격도 훌륭한 레스토랑이다. 지배인은 한 번 손님을 마주하면 절대 잊지 않고 다음에도 알아보는 사람이었다. 내가 따로 말하지 않았음에도 오늘이 여자 친구 생일이라는 걸 알아채고는 특별 서비스 요리를 가져다주었다. 간단히 식사만 하려 했지만 주문한 것보다 훨씬 푸짐한 요리가 나왔다. 마지막에는 생일 케이크까지 나왔으니 좀 과하다 싶을 정도였다. 하지만 그 덕툰에 고객과 약속이 있을 때마다 그 레스토랑을 방문한다. 누구에게나 하는 서비스겠지만 마치 내게만 특별하게 대해주는 것 같은 기분이 들었기 때문이다. 지배인은 고객이 진정으로 원하는 걸 캐치해서 제공할 줄 아는 사람인 것이다.

워커힐 면세점은 중국인 관광객을 유치하기 위한 전략으로 국내 면세점 최초의 중국인 VIP 멤버십 서비스를 만들었다. 고객 서비스로 쇼핑 만족도를 높여 중국인의 지갑을 여는 데 성공했다. 중국어가 가능한 인력을 현장에 배치하 새로운 고객 가치를 창출하며 브랜드를 강화하고 있다. 분야를 막론하고 고객이 만족하는 가치를 만들려는 움직임은 중요하다. 고객 중에는 말로 모든 것을 표현하는 사람도 있고 그렇지 않은 사람도 있다. 뉘앙스에 따라 차이가 크기 때문에 영업자는 그 의도를 잘 파악해야 한다. 고객의 감정을 느끼는 연습을 할수록 주변 사람들과의 관계가 좋아진다. 우리도 돌고래처럼 텔레파시를 사용하면 좋겠지만 사람에겐 언어와 오감뿐이다. 상대방이 듣기에 기분 좋은 언어와 오감을 신경 쓰는 것만으로도 영업이 한층 수월해진다는 사실을 명심하자.

고객 중심으로 사고하는 사람은
시장 조사 보고서보다는
고객과의 대화에 더 집중한다.
대화를 통해 고객의 입장에서
고객의 문제를 직접적으로 이해한다.

— 에이드리언 슬라이워츠키

08
최면을 거는 영업자

"하루에도 수천 개씩 쏟아지는 광고 전쟁에서도 꾸준히 사랑받는 제품은 논리적 강점보다는 정서적인 강점, 즉 사게 만드는 최면에 가까운 암시가 깔려 있을 확률이 높다."

최면은 자기최면과 타인최면으로 나뉜다. 영업자는 자기 자신과 제품, 회사의 브랜드에 전폭적인 신뢰를 가져야 한다. 객관적인 정보와는 별개로 자사 제품의 장점을 최대한 부각할 수 있어야 한다. 고객은 순전히 영엍자의 말을 믿고 제품을 사기 때문에 자기최면이 걸리지 않은 상태에서의 확신 없는 영업으로는 고객을 설득하기 힘들다. 영업자는 동시에 타인최면에도 능해야 한다. 최면은 정신이 고도로 집중된 상태라고 볼 수 있는데, 경험상 감수성이 예민한 사람이 최면에 잘 걸린다. 그리고 의외로 지능이 높으면 높을수록 최면에 잘 걸린다는 연구 결과도 있다. 최면은 전략적인 언어로 상대방의 자유의지를 통제해 의도된 행동을 유도하는 기술이다. 따라서 언어 선택, 즉 효과적인 단어를 조합해 행동을 유도하는 것이 중요하다.

고객이 논리적인 이유로 당신의 제품이나 서비스를 구매할 것 같지만 어쩌면 고객 자신도 인식하지 못하는 지점에서 구매 결정이 이루어졌을 확률이 높다. 무의식의 영역에서 구매를 결정한 뒤 의식적으로 논리적인 명분을 갖다 붙이는 것일 수도 있다는 말이다. 고객의 구매 패턴은 논리적 자극이 아닌 감정적 자극에 의해 형성되는데, 그 예로 펩시콜라를 마실 때보다 코카콜라를 마실 때 행복감을 더 크게 느낀다는 연구 결과가 있다. 이는 맛과는 별개로 단지 정서적 만족감이 구매에 더 큰 영향을 미치고 있음을 보여주는 단적인 예이며 일종의 최면이라고도 말할 수 있다. 하루에도 수천 개씩 쏟아지는 광고 전쟁 속에서도 꾸준히 사랑받는 제품은 논리적 강점보다는 정서적인 강점, 즉 사게 만드는 최면에 가까운 암시가 깔려 있을 확률이 높다.

평서문이 아닌 조건문

영업을 할 때도 전략적인 언어로 접근해야 한다. 나는 고객에게 즉시 구매를 유도할 때 평서문보다 조건문을 활용한다. 고객이 이미 제품을 구매한 것처럼 이야기한다. 예를 들어 '지금 구매하세요'가 아닌 '지금 구매한다면'으로, '제품을 사용해보세요'가 아닌 '제품을 사용한다면'으로 대화를 이끌어나간다.

감각별 선호 단어

고객은 각자 선호하는 감각이 다르고 신체 감각적으로 더 잘 인지하는 단어들이 있다. 보다 효과적으로 설득하려면 고객이 선호하는 단어를 자주 사용해야 한다. 감각별 선호 단어를 살펴보자.

Visual 시각 선호 단어

보다. 눈에 들어오다. 주목하다. 관찰하다. 그리다. 비추다. 이미지. 반영하다. 밝히다. 시야. 비전. 전망. 멀다. 반짝이다. 크다. 견해. 장면. 상승. 전도. 선명하다. 희미하다. 눈에 선하다.

Auditory 청각 선호 단어

말하다. 듣다. 이해하다. 설명하다. 부르다. 논하다. 귀에 들리다. 울리다. 템포. 리듬. 목소리. 잡음. 시끄럽다. 조용한. 음악. 시끄럽다. 웅성거린다. 쿵쾅쿵쾅. 잠잠하다. 고요하다

Kinesthetic 신체감각 선호 단어

느끼다. 만지다. 감촉. 긴장하다. 무겁다. 머리에 들어오다. 기분. 맛. 향기. 민감. 온도. 감지. 압박. 긴장하다. 마음이 무겁다. 따뜻하다. 폭신하다. 부드럽다. 보들보들. 묵직. 어울리다.

목소리

목소리 톤 역시 중요하다. 의사를 전달할 때 목소리는 약 38퍼센트 정도의 영향을 미친다고 한다. 개미처럼 작은 목소리, 웅

얼웅얼 혼잣말하는 듯한 목소리, 말끝이 갈라지거나 지나치게 톤이 높거나, 불안하게 떨리는 목소리는 영업하기에 좋지 않으니 개선이 필요하다. 주눅이 들거나 자신이 없으면 목소리는 작아지고 얇아진다. 영업자 자신이 느낄 정도면 고객은 어떻겠는가. 그래서 더욱 자기최면이 중요하다. 자신을 최고의 제품을 판매하는 최고의 영업자라 여겨야 자기 확신이 생긴다. 확신이 생기면 목소리에 힘이 들어가고 발음이 정확해지며 톤에 여유가 생긴다. 영업자의 확신은 고객으로 하여금 구매해도 되겠다는 믿음으로 이어진다.

백 트레킹

백 트레킹Back Tracking이란 앵무새처럼 상대방의 말을 되돌려주는 기법으로 친밀감과 신뢰 형성을 위한 대화법이다. 예를 들면 어떤 환자가 진료비가 3만 원이나 한다며 "비싸다"라고 투덜거릴 때, 똑같이 "비싸다"라며 공감해주는 것이다. 상대는 비싸다고 말하는데 "그게 뭐가 비싸?"라고 말하면 상대방 입장에서는 기분이 썩 좋지 않다. 또한 '비싸다'라는 단어 대신 "고가高價네"라고 말하는 것도 공감을 반감시킨다. 단어를 똑같이 사용하는 것이 좋다. 별것 아닌 듯하지만 백 트레킹을 사용하는 것만으로도 고객과 친밀감을 형성하는 데 큰 도움이 된다.

비판매 영업

　오롯이 판매만을 위해 영업하다 보면 금세 지칠 수 있다. 때에 따라서는 비판매 영업을 통해 잠시 욕심을 버리고 편안한 마음으로 고객과 소통하는 시기를 가지는 것도 좋다. 지금까지의 영업이 고객 접근 기회를 만들고, 프레젠테이션을 하고, 구매 동의를 유도하는 식이었다면 이제는 성급하게 구매를 권유하는 것이 아닌 고객과 지속적인 관계를 유지하면서 욕구를 파악하고, 니즈를 발견할 때까지 신뢰관계를 유지하는 식의 판매 모델로의 변화가 필요하다. 고객과 함께하는 시간을 100이라고 보았을 때 신뢰를 구축하고 욕구를 파악하는 데 80정도를 할애하고 남은 20은 해결책을 제안하고 구매를 유도하는 과정으로 진행해야 한다. 고객과 두 시간 정도 식사를 한다면 마지막 20분 정도만 판매를 위해 힘쓰자. 고객의 몸과 마음을 편안하게 만들어 긴장을 풀어야 한다. 고객을 안심하게 만드는 것이 비판매 영업의 핵심이며 타인최면의 출발이다.

09
최악의 상황일수록
농담을 던져라

"영업자의 타고난 자질 같은 건 믿지 않지만 사소한 일에도 즐거움을 느끼는
사람이 영업을 잘한다고 생각한다."

유머가 있는 사람에게는 여유가 느껴진다. 빅토르 위고 Victor Marie Hugo는 '세상이 엄숙하면 엄숙할수록 그만큼 유머가 필요하다'고 말했다. 유머만큼 편안하고 자유로운 건 없다. 유머는 치열하고 복잡한 세상을 한순간 통쾌하게 허물어뜨리고 진지하고, 피곤하고, 착잡할 때 마음을 시원하게 풀어준다. 생존을 위한 경쟁과 서글픈 계산들 틈새에 유머가 끼어들어야 그나마 일상에 윤기가 생기는 것이다.

근래에는 유머경영 Management by Fun이라는 경영법이 트렌드로 자리 잡아가고 있다. 직원들을 유머러스하게 만들어 조직에 활력을 불어넣고 상상력을 자극함으로써 창의적 발상을 탄생시키려는 목적이다. 그들은 유머가 곧 생산력이라는 답을 찾은 것이다. 적절한 유머는 특히나 대인관계가 중요한 영업자에겐 곤란한 상황을 타개하기 위한 최고의 도구다. 유머가 있으면 문제에 부딪혀도 여유를 잃지 않으며 그 여유는 주변으로 전염된다. 계약이 성사되지 않았을 때도 유머를 통해 즐거운 분위기를 유지하면 다음 기회를 기약할 수 있다. 또한 영업자도 감정이 상하지 않았기 때문에 거절당하고 돌아가는 길에 마주친 난폭 운전자에게 화내지 않을 여유가 남아 있다. 성숙한 회사는 직원의 삶의 균형과 여유를 중요한 덕목이라 생각하고 권장하는 회사다. 유머와 여유가 있는 조직에는 힘이 나게끔 하는 긍정적인 에너지가 있다. 특히 외국계 회사에는 일과 삶의 균형을 중요시하고 단기성과에 목매지 않으며 긴 호흡을 가지고 균형을 이루려는 분위기가 있다.

영업자는 절망스러운 상황에서도 웃고 연기해야 하는 배우나 희극인과 비슷하다. 내가 아는 영업 강사는 강의 중 아버지가 대장암 진단을 받았다는 연락을 받고도 웃는 얼굴로 강의했지만 끝나자마자 대기실에서 펑펑 울었다. 이처럼 영업자에게는 자신을 버리고 고객에게만 집중해야 하는 상황이 있다. 어떻게 보면 참 서글픈 직업 같기도 하다. 그래서 영업자는 의식적으로라도 여유를 위한 안정장치를 만들어둬야 한다. 맛있는 음식도 좋고 쇼핑도 좋다. 운동을 하거나 책을 읽거나 완전한 휴식을 취해도 좋다. 어떤 식으로든 몸과 마음이 회복되고 긍정적인 컨디션을 유지할 수 있는 자신만의 노하우가 있으면 된다.

나는 영업자의 타고난 자질 같은 건 믿지 않지만 사소한 일에도 즐거움을 느끼는 사람이 영업을 잘한다고 생각한다. 불평불만이 적고 남을 비난하지 않는 이들은 기본적으로 여유가 있기 때문에 타인의 불평불만과 비난에도 개의치 않는다. 그 시간에 조금 더 즐겁고 재미있게 영업하는 게 낫다고 생각하기 때문에 비난만을 일삼는 이들에게도 싱긋 웃으며 가벼운 농담을 던질 수 있는 것이다. 만약 당신이 어떠한 상황에도 의연할 수 있는 태도를 기르고 싶다면, 절대 농담이 나올 것 같지 않은 상황일 때, 진짜 싫어하는 사람이 시비를 걸어올 때, 진상 고객이 말도 안 되는 억지를 부릴 때 뻔뻔하게 농담을 건네고 미소를 지어보자.

10

두 배의 성과를 만드는 인내의 기술

"영업은 판매와 수익이 목적일 수 있지만 영업자로서의 삶은 한 개인을 완성해나가는 과정이기도 하다."

스탠퍼드 대학의 심리학 교수는 4살짜리 아이들을 대상으로 하는 심리 실험에서 굉장히 중요한 사실을 발견했다. 먼저 아이를 한 명씩 방 안에 두고 책상 위에 마시멜로를 올려놓은 뒤 "이 마시멜로를 15분 동안 먹지 않으면 돌아와서 하나를 더 줄게"라고 말하고는 방을 나간다. 네 살짜리 아이가 눈앞의 마시멜로를 15분간 먹지 않고 참으려면 엄청난 인내력이 필요하다. 실험에 참여한 아이들 중 3분의 2는 15분을 참지 못하고 마시멜로를 먹어버렸다. 어른이 나가자마자 먹는 아이도 있었고, 15분이 되기 전 마지막 30초를 못 견디고 먹어버리는 아이도 있었다. 하지만 중요한 건 먹지 않은 아이들이다. 이 아이들은 마시멜로를 먹지 않기 위해 눈을 가리기도 하고 노래를 부르거나 실험실을 뛰어다니며 주의을 분산시켰다. 지금 먹지 않으면 하나 더 받을 수 있다는 기대감으로, 더 많은 것을 얻기 위한 의지로 당장의 욕구를 억누른 것이다. 이러한 자질은 성인이 되어서도 유지된다. 눈앞에 이익만 생각하는 이들과 더 큰 성과를 위해

멀리 내다보는 사람의 차이는 이런 자질에서 나온다. 영업도 마찬가지다. 처음부터 조급하게 성과를 내려고 욕심내지 않고 차분히 실력을 쌓으면서 더 나은 미래를 위해 인내하는 영업자가 크게 성공한다.

일단 큰 그림을 그려놓으면 작은 일에는 개의치 않을 수 있다. 상사에게도 자신이 세운 계획에 따라 행동하는 모습을 보여주어야 신뢰를 얻고 업무상의 자유를 얻어낼 수 있다. 지엽적인 상황도 잘 파악해야 하지만 그보다는 거시적인 안목이 더 중요하다. 영업은 판매와 수익이 목적일 수 있지만 영업자로서의 삶은 한 개인을 완성해나가는 과정이기도 하다. 언제나 인생 전체를 그리며 창대하게 미래를 계획해나가기 바란다.

자기 신뢰는 위대한 사업을 만드는
첫 번째 필요조건이다.

– 로버트 우드 존슨

11
영업의 세계는 자유로운 감옥이다

"자신만의 생존 철학을 만들어 믿고 실행해야 이 냉엄한 세계에서 살아남을 수 있다."

몇 년 전 가슴 아픈 뉴스를 봤다. 국내 유명 제약회사에 입사한 지 겨우 1년 된 신입사원이 싱크대와 욕조에 약을 가득 채우고 스스로 목숨을 끊었다. 실적 올리기에 급급해 거래처에 무리하게 납품했다가 반품된 약을 처리하지 못했고, 실적 압박에 시달리다 스스로 생을 마감한 것이다. 사람을 치료하는 약을 판매하는 사람도 자신의 마음을 치료하지는 못했다. 너무나도 안타까운 현실이다. 그를 죽음으로 몰아간 업체의 시스템이 어떨지 눈에 선하다. 영업자는 수많은 실패 속에 산다. 세상은 정당한 실패와 부당한 실패를 구분해주지 않는다. 슬프지만 현실이다. 영업자에겐 잔인하고 부조리한 실패 속에서도 살아남겠다는 각오가 필요하다. 중국 최대 전자상거래 업체인 알리바바의 회장 마윈이 한 말이 떠오른다.

"사업가라면 실패를 공부하는 데 많은 시간을 투자해야 합니다. 성공 요인은 수없이 많지만 실패하는 이유는 비슷합니다. 그래서 저는 성공학 강의를 너무 많이 듣지 말라고 조언하고 싶습니다. 진정한 성공학은 노력을 통해 자신만의 방식으로 체득되는 것입니다."

지금은 어느 영업 분야나 힘든 시기다. 하지만 생각해보면 힘들지 않은 시기는 없었다. 앞으로 더 힘들어질 수도 있다. 힘든 시기일수록 회사는 성과를 창출할 수 있는 우수한 인재들에게 투자해야 한다. 영업자는 위기 속에서 더 빛을 발하기 때문이다.

대학생 때 과에서 학생을 선발해 프랑스 연구팀으로 보내주는 장학 사업이 있었다. 방학 동안 연구할 수 있도록 자금을 지원해주는 프로그램이었다. 당시 프랑스의 뛰어난 과학기술을 배우기 위해 모두가 가고 싶어 했다. 나는 지원 자격에도 미치지 못했고 다른 학생에 비해 경정력이 있는 것도 아니었지만, 한번 하고자 하는 일은 될 때까지 도전한다는 마음으로 끈질기게 문을 두드렸다. 결국 네 번에 걸친 도전 끝에 최종 당선됐다. 원래는 한 명만 뽑을 계획이었는데, 나의 끈질긴 노력과 시도를 보고 정원을 늘려 두 명을 선발했다고 한다.

영업도 마찬가지다. 안 되는 건 될 때까지 하려는 의지가 필요하다. 불신과 게으름이 마음에 파고들지 못하도록 견제하고, 언제나 한걸음만 더 내디디면 성공할 거라 믿어야 한다. 자신만의 생존 철학을 만들어 믿고 실행해야 이 냉엄한 세계에서 살아남을 수 있다.

중동에서 큰 성과를 거둔 동아건설의 최원석 회장은 세계 8대 불가사의라 불리는 리비아 대수로 공사를 수주했다. 불가능에 가까운 공사를 성공으로 이끌고 중동 건설의 물꼬를 텄다. 그의 성공 비결은 리비아 왕자에게 수주를 따내기 위한 영업 정신에 있었다. 입찰 경쟁에서 승리하기 위해 정보력을 최대한 동원하고 리비아 왕자와 개인적인 친분을 쌓았다.

영업 정신은 큰 사업에만 국한되는 게 아니다. 우리나라 요식업자 수는 인구 대비 미국의 여섯 배, 일본의 두 배라고 한다. 경기 불황과 업체 과다로 인한 과당경쟁으로 대부분이 폐업하는 상황이다. 치킨 매장은 3년 안에 80퍼센트가 폐업한다고 한다. 폐업하는 매장과 그렇지 않은 매장의 차이는 변화하려는 움직임에 있다. 끊임없이 메뉴를 개발하고 트렌드에 맞게 매장을 단장하고 직원 교육을 철저히 하는 업체만이 꾸준히 매출을 유지해나가는 것이다. 요식업자는 창업하는 순간부터 영업자다. 불황은 둘째치고 영업 활동에 대한 의지가 있는 사장과 그렇지 않은 사장의 차이에 생존의 열쇠가 있는 것이다.

12
실적과 실력은 비례하지 않는다

"영업의 세계에서는 판매를 성사시키는 순간만이 진실이다."

영업을 하다 보면 정말 힘든 일이 많다. 매일 고객에게 시달리는데 회사에서는 인정도 안 하주니 점점 일하기 싫어지고, 영업자 간의 치열한 경쟁 속에서 고독을 느끼기도 한다.

나는 어느 날 문득 내가 더 이상 성장하지 않는다는 걸 깨달았다. 방에 누워 출근 시각에 늦든 말든 빈둥거리던 차였다. 아무것도 안 하고 천장만 쳐다보고 있으려니 이런저런 부정적인 생각만 머릿속에 가득했다. 그러다 번뜩, 이대로 가다가는 정말 큰일 나겠다는 생각에 발작하듯 집 밖으로 뛰쳐나갔다. 곧장 서점으로 달려가서는 《머니》, 《럭셔리》, 《포브스》 같은 경제경영 잡지를 사서 잡지에 게재된 고급 승용차, 몽블랑 만년필, 명품 의류 모델 사진과 고급 호텔 사진 등을 오려 방 벽면에다 붙였다. 동기를 부여해 다시금 욕구를 일으키기 위한 자극적인 조치였다. 나도 언젠간 이것들을 향유하는 날이 올 테니 정신 차리고 일하러 가자며 마음을 다잡았다.

이처럼 동기나 열정은 유지하는 게 더 중요하다. 동기의 유무는 정신뿐 아니라 신체에도 영향을 준다. 새로운 무언가를 이루기 위한 기대감에 부풀 때, 장밋빛 미래가 금방이라도 손에 잡힐 듯한 기분에 사로잡힐 때는 몸이 힘든 것조차 잊어버린다. 주변 모든 것들이 희망차고 아름다워 보여 고객을 만나러 가는 걸음도 가볍고 경쾌해진다.

영업을 하다 보면 '내가 이 일을 왜 하고 있나?'라는 회의감이 들 때가 있다. 나는 그럴 때마다 내게 가장 많은 영향을 준 책을 다시 읽으며 초심을 되찾으려 노력한다. 사내 최고의 영업자를 넘어 업계 최고의 영업자가 되겠다는 마음가짐을 다시금 되새기고 그것을 글로 적는다. 동기가 될 만한 건 무엇이든 생각만 하지 말고 적어야 한다. 구체적이고 생생하게 적으면 더 좋다.

최고의 영업자가 된 자신의 모습을 상상하고, 찬사를 보내는 사람들의 모습까지 떠올리며 기분을 내는 것도 좋은 동기부여 방법이다. 마지막으로 이 모든 것을 입 밖으로 소리 내어 외치면 마치 이미 최고의 영업자가 된 것 같은 기분이 든다. 최고가 되는 것보다 최고가 되기 위한 열정에 불을 붙이는 게 더 중요하다. 당장 눈앞의 실적에만 눈이 멀면 규정에 어긋나는 편법을 동원하게 된다. 동료와 고객에게 피해를 주면서까지 차지하는 상위 실적은 아무런 의미도 없을뿐더러 그렇게 기반 없는 실적은 금세 추락하기 마련이다. 실적이 꼭 실력과 비례하는 것은 아니다. 길게 보고,

설정한 목표를 이루어내고 그것을 유지하는 게 훨씬 더 중요하다.

약 15년간 1만 3,001대의 자동차를 판매한 영업의 전설 조 지라드Joseph Samuel Gerard는 이렇게 말했다.

"영업의 세계에서는 판매를 성사시키는 순간만이 진실이다."

이처럼 판매를 성사시키는 것을 최대의 목표이자 동기로 설정하면 어떻게든 이루어내려는 절실함이 생긴다. 그는 절실함을 믿었고 자신이 믿는 대로 실천해 결과를 만들어냈다. 뻔한 이야기라 미안하지만 모든 건 정말 마음먹기 나름이다. 입 바른 소리가 올바른 소리다. 우리의 몸과 정신에는 동기로 환원할 만한 에너지가 다양하기 때문에 성공적인 영업을 위해서는 자신 안의 신체적, 정신적 에너지를 잘 활용해야 한다. 지치지 않고 차오르는 욕구를 영업을 위한 동기로 환원하는 데 성공한다면 무한동력을 얻는 것과 마찬가지니 성공하지 않기가 더 힘들다.

13

11년 연속 벤츠왕의
고객 관리 시스템

"자신만의 인사이트로 선택과 집중할 지점을 캐치했다면 자신 있게 도전하라.
당신이라고 또 다른 신화가 되지 못할 이유가 없다."

11년 연속 벤츠 판매왕을 달성한 신동일 이사는 '신동일식 영업'이라고 불리는 자신만의 고객 관리 시스템을 운용한다. 그는 아무리 잠자는 시간을 줄여도 부족한 시간을 메꾸기 위해 개인 직원을 고용했다. 현재는 총 열네 명의 직원이 있는데 여덟 명은 AS, 두 명은 보험, 두 명은 고객 데이터 관리, 한 명은 중고차 매도, 마지막 한 명은 걸려오는 전화를 담당자에게 연결하는 업무를 한다. 완벽한 분업이고 이 정도면 중소기업이다. 행정적이고 부수적인 일들은 모두 직원을 고용하여 처리하고 본인은 가장 중요한 일이자 잘하는 일인 고객 관리에만 집중했다. 효용 대비 시간이 많이 드는 일은 직원에게 맡기고 자신은 판매와 가장 직결되는 업무에만 집중한다면 들어가는 비용보다 더 큰 이익이 날 것이라 확신한 것이다. 그의 예상은 적중했고 판매효율은 극대화됐다. 이제는 많은 영업자가 그를 벤치마킹한다.

　　이는 일종의 가지치기다. 너무 많은 열매가 달리지 않도록 부실한 가지를 자르는 작업과 같다. 최상의 성과를 얻기 위해 필요한 가지에 신경을 집중하고 나머지 가지는 잘라내어 선택과 집중을 공고히 했다.

　온 힘을 다해 자신을 케어해주는 영업자를 마다할 고객은 없다. 그리고 이 사실을 모르는 영업자도 없다. 다른 영업자들도 신동일 이사처럼 고객에게 시간을 투자하고 싶지만 여의치 않을 뿐이다. 그는 자신의 신념을 과감히 관철함으로써 특별한 영업자가 됐다. 동료와 고객들에게는 동에 번쩍 서에 번쩍 하는 영업자처럼 보일 테니 더욱 인상을 남기기에 좋다. 이처럼 선택과 집중의 진정한 효과는 단순히 집중한 지점이 개발되는 것이 아닌 부수적인 효과의 시너지가 선순환된다는 점이다. 그렇다고 무조건 신동일 이사를 벤치마킹할 필요는 없다. 이 방식은 그가 특별히 더 잘하는 것일지 모른다. 자신만의 인사이트로 선택과 집중할 지점을 캐치했다면 자신 있게 도전하라. 당신이라고 또 다른 신화가 되지 못할 이유가 없다.

> 육감에 의존하는 영업자는
> 결코 시스템을 갖춘 영업자를 따라잡을 수 없다.
> 최고의 영업자들은 다양하게
> 영업을 유도해낼 수 있는 시스템을 갖추고 있다.
>
> — 댄 케네디

14
영업자에게 공부가 필요할 때

"과거에나 현재에나 미래에나 영업은 자기계발의 알파이자 오메가다."

스탠퍼드 대학의 칼 와이먼Carl Edwin Wieman 교수는 현대 대학교육의 목표를 제시했다. 그가 강조하는 교육은 '전문가처럼 생각하는 능력을 길러주는 것'이다. 한국에서 전문가는 전문교육을 받고 전문자격시험에 합격한 사람에 국한되지만 거의 모든 전문 정보를 자유롭게 열람할 수 있는 요즘 시대엔 그 경계가 무너지고 있다. 구글, 네이버, 위키피디아를 이용하면 실제 해당 분야 전문가도 잘 모르는 정보까지 알 수 있다. 영업도 마찬가지다. 영업자 역시 수많은 정보 속에서 좋은 정보가 무엇인지 선별하는 혜안을 길러야 한다. 나는 고객들과 공감대를 형성하기 위해 아침마다 고객이 속한 업계의 최신 이슈를 확인한다. 고객에게 해당 업계 이슈를 말하면 어떻게 아는지 신기해하며 관심을 보인다. 더 깊은 대화를 나누기 위해서는 제품 지식뿐 아니라 트렌디한 상식도 풍부해야 한다. 영업만 보더라도 각각의 영역에서 요구하는 지식이 다르다. 지식을 쌓는 방법도 제각각인데 지식을 활용하는 용도에 따라 구별된다. 유능한 영업자와 그렇지 않은 영업자의 차이는 가르쳐준 것만 수용하느냐 혹은 가르쳐준 것 이상을 위해 자신을 계발하느냐의 차이다.

나는 발전하고 싶었다. 영업자로서의 목표와 인생의 목표를 모두 성취해 부자가 되고 싶었다. 부를 얻으려면 어떻게 해야 할지 고민하다 월급의 10퍼센트를 자기계발에 투자하기로 했다. 월급이 200만 원이라고 치면 20만 원이다. 모두 책을 샀고 한 달에 20권 읽기를 1년 동안 실천했다. 웬만한 중견기업 CEO들과 맞먹는 독서량이다. CEO들은 나보다 훨씬 시간이 없는데도 1년에 100권 가까이 책을 읽고, 많게는 200권 이상 읽는다고 한다. 영업자도 자기계발을 위해 책을 읽어야 한다. 독서는 가장 빠르게 자신의 능력을 극대화하는 수단이다. 투자 금액의 배 이상의 가치가 담겨 있다.

또한 일주일에 한 번씩 독서 토론 모임에 참석해 내가 읽은 책에 대해 이야기하고 다른 사람의 의견을 듣고 질문에 답했다. 이보다 좋은 공부는 없다고 생각한다. 두 개 이상의 독서 토론 모임에 참여하기를 추천한다. 분야, 연령별로 생각하는 방식이 다르기 때문에 다양한 사람의 이야기를 통해 의식과 사고의 폭을 확장할 수 있다. 영업자라면 책을 읽고 사람들과 교류하며 자신에게 부족한 부분을 채워나가야 한다. 토론을 하다 보면 영업을 할 때 풀기 어려웠던 문제의 답을 찾아내는 경우도 꽤 많으니 일석이조의 효과를 볼 수 있다. 신간 정보나 내가 모르는 문화를 소개받을 수 있는 자리이기도 하다. 영업자는 공부를 싫어한다든지 공부를 안 해도 된다든지 하는 생각은 위험하다. 보험 영업으로 백만장자 반열에 올라선 미국의 클레멘트 스톤은 영업을 통해 사랑하는 아내도 만나고 부자가 되겠다는 꿈도 실현했다. 영업으로 충분한 돈을 벌었지만 다시 학교로 돌아가 법학 공부를 하기도 했다. 과거에나 현재에나 미래에나 영업은 자기계발의 알파이자 오메가다. 영업의 평가 기준이 오직 실적이라면 이는 반쪽짜리 평가다. 영업자는 총체적이고 입체적이고 다각적인 직업이다. 영업만 잘하고 동료 의식은 부족한 사람은 절대적으로 좋은 평가를 받을 수 없으며 그 반대도 마찬가지다. 혼자 만들어내는 성과는 오래 못 간다. 빨리 가려면 혼자 가도 되지만 멀리 가려면 함께 가야 한다. 그러기 위해 공부하는 것이다.

영업을 통해 사람들의 말과 행동을 진정으로 이해할 수 있게 되기까지는 꽤 오랜 시간이 걸렸다. 이론이 아니라 실제로 사람들과 겪으면서 배우는 일은 달랐다. 영업을 통해 배운 지식과 경험을 내 것으로 만들기 위해 끊임없이 배우지 않는 영업자는 도태될 수밖에 없다.

15

책 읽는 영업자가
고객의 마음을 읽는다

"영업자에게 책은 생존을 위한 무기다. 하지만 읽기만 해서는 아무런 소용이 없다. 300페이지 읽고 실천하지 않느니 3페이지 읽고 실천하는 게 낫다."

헤르만 헤세는 이렇게 말했다.

"이 세상 모든 책들이 그대에게 행복을 가져다주지는 않지만 그대 자신 속으로 돌아가는 길을 가만히 알려준다. 그대에게 필요한 건 모두 자신 속에 깃들어 해와 달과 별처럼 빛나고 있다."

학생 때는 교과서나 문제집을 제외하고는 책 근처에도 안 갔다. 수학의 정석은 몇 번이고 정독했어도, 헤르만 헤세의 『데미안』을 읽어 오라는 숙제는 안 했다. 독서에는 전혀 관심이 없었고 어떻게 읽어야 하는지도 몰랐다. 수능 공부할 시간도 없는데 책 읽을 시간이 어디 있냐며 책 읽는 아이들을 마땅찮게 여기기도 했다.

과거의 나처럼 사람들은 대부분 책 읽기가 중요하다는 걸 알면서도 실천하지 않는다. 그 이유가 뭘까.

첫째, 책을 읽고 실생활에 활용하는 법을 모른다.
둘째, 자기계발에 도움이 되는 책을 모른다.

셋째, 책을 제대로 읽는 방법을 모른다.
넷째, 책 읽을 시간이 없다.
다섯째, 주변에 책이 없다.

만약 지금 책을 읽으면 5분 후에 있을 고객과의 만남에 큰 도움이 된다고 한다면 당신은 책을 읽겠는가 읽지 않겠는가. 이처럼 책을 읽기 위해서는 확실한 동기가 있어야 한다. 고객에게 할 말이 없다고 말하는 영업자는 책을 읽지 않는 영업자다. 책 읽기를 통해 자신만의 스토리를 만든 영업자는 고객의 마음을 살 수 있다. 그렇기에 되도록이면 신간을 주기적으로 읽어야 한다. 가장 최신의 것들을 많이 접해야 다양한 고객층과 소통할 수 있다.

처음엔 잘 안 읽히겠지만 큰 글씨만이라도 읽겠다는 마음으로 책장을 넘겨라. 그러다 관심 가는 내용을 발견하면 그 부분만 집중해서 읽어도 무방하다. 책 읽는 속도가 느려도 좋다. 책을 빨리 읽고 싶다면 속독법을 배워도 되겠지만 읽다 보면 속도는 저절로 빨라진다. 중요한 건 한 줄을 읽더라도 깊이 생각해보고 실생활에 대입하는 것이다. 책 내용에 집중하는 것도 좋지만 저자와 교감을 나누고 있다고 생각하면 더 좋다. 영업자가 고객과 만나 대화하듯 책 읽기 또한 저자와의 대화다.

내 경우에는 좋아하는 책은 총 네 번 읽는다. 첫 번째 읽을 때는 속독으로 30분 만에 300페이지를 읽는다. 두 번째에는 첫 번째 읽었을 때 발견하지 못한 내용 위주로 보며 세 번째에 정말 디테일하게 정독한다. 마지막 네 번째에는 밑줄을 긋거나 포스트잇으로 표시한 부분을 다시 옮겨 적으며 읽는다. 이런 방법으로 매주 한 권의 책을 읽는 습관을 들이는 것이 중요하다.

영업자는 직장 내 스트레스가 상당히 높다. 스트레스를 해소하기 위해 사람을 만나고 술을 먹기보다는 저녁에 서점에 가서 책을 한 권 사 읽으라고 권해주고 싶다. 지금 읽고 있는 책 속 한 줄이 술 한잔보다 여러분의 삶에 더 큰 도움이 될 것이다.

홍정욱 헤럴드 회장은 1년에 200권 정도의 책을 읽는다고 한다. 속독을 배웠는지는 모르겠지만 대단한 독서량이다. 하지만 이렇게까지 할 필요는 없다. 내가 추천하는 독서량은 1년에 약 50권이다. 일주일에 한 권만 읽으면 된다. 일주일에 한 권을 읽기 위해서는 하루에 한 시간 정도만 투자하면 된다. 300페이지짜리를 한 권으로 쳤을 때 다섯 시간 정도면 볼 수 있다. 굉장히 현실적인 목표라고 생각하지만 조금 벅차다고 느껴진다면 적어도 한 달에 한 권 정도는 읽기 바란다.

독서할 시간은 어떻게 마련할 수 있을까. 아침 30분, 오후 30분, 저녁 30분 중에 두 번 이상 실천한다면 성공이다. 화장실에 가거나 대중교통으로 이동할 때 책을 챙겨가는 습관을 들여도 좋다. 아니면 책을 아예 화장실에 한 권 두자. 차량 조수석에도 한 권, 가방에도 한 권, 침대 옆에도 한 권씩 놓아보자. 생각날 때마다 손을 뻗어 읽으면 된다. 예전에는 운전하다가 신호에 걸릴 때도 몇 페이지씩 읽고는 했다. 위험하니 추천하지는 않지만 그만큼 간절하게 책을 읽었다는 얘기다.

책을 읽으면 다른 사람의 성공 노하우를 배울 수 있다. 성공자의 마인드를 몸과 마음으로 흡수하여 자기화하면 더욱 발전할 수 있는 역량을 갖추게 된다. 성공한 사람들의 생각과 말에는 일맥상통하는 지점이 있다. 그들의 실패 사례에서도 배워야 한다. '이렇게 하면 실패한다'는 걸 깨달으면 실패를 미리 예방할 수 있다.

브라이언 트레이시의 『전략적 세일즈』과 마이클 달튼 존슨의 『영업의 고수는 무엇이 어떻게 다른가』를 읽으면 불황에도 실패하지 않고 영업할 수 있는 비법과 전략을 알 수 있다. 브라이언 트레이시가 심리학적인 측면을 강조했다면, 마이클 달튼 존슨은 좀 더 실용적인 측면에 초점을 맞추고 있다.

영업자에게 책은 생존을 위한 무기다. 하지만 읽기만 해서는 아무런 소용이 없다. 300페이지 읽고 실천하지 않느니 3페이지 읽고 실천하는 것이 낫다. 자신의 삶과 맞닿아 있는 책을 선정해서 스펀지처럼 지식을 빨아들여라. 영업을 하다 보면 부정적인 태도와 매너리즘에 빠지기 쉽다. 그럴 때일수록 자신을 돌아볼 수 있는 책을 읽으며 수양해야 한다. 자신의 내면세계와 조화를 이루면서 책에게 말을 걸듯 읽는 독서가 가장 좋다.

    나는 퇴근 후에 학문을 탐구하며 살기를 꿈꿔왔다. 그래서 일이 끝나면 곧장 도서관으로 가 영업과 뇌과학에 관련한 서적들을 탐독했다. 영업에 활용할 수 있는 내용을 수집하고 실제 체험을 글로 쓰면서 꼬박꼬박 개인 블로그에 연재했다. 그러자 필력은 저절로 늘었다. 작가로서 책상에 앉아 글간 쓰는 삶이 아닌 다양한 영업 경험을 즐기며 집필 활동을 하는 삶은 내겐 굉장한 축복이다. 스스로를 행운아라고 생각하고 앞으로도 독서와 집필 활동에 전념할 생각이다.

16
작가로서의 영업자

"전문가가 책을 쓰는 것이 아니다. 책을 쓰면서 전문가가 되는 것이다. 독자가 아닌 저자가, 청중이 아닌 강사가, 소비자가 아닌 생산자가 되자."

읽기뿐 아니라 쓰기도 중요하다. 오히려 쓰기가 읽기보다 훨씬 더 강력한 영향을 준다. 책 읽기가 사람을 성장시킨다면, 글쓰기는 인생을 송두리째 뒤흔들기도 한다. 영업자로서 성공하기 위한 최고의 자기계발은 직접 글을 쓰는 일이라고 생각한다. 영업 전선에서 치열하게 쌓아온 자신만의 노하우를 다른 영업자들에게 전수하는 건 굉장히 값진 일이다. 자신만의 스토리를 책으로 만들어내길 추천한다. 영업자는 타고나는 것이 아니라 만들어지는 것이다. 스스로 우뚝 서서 자신의 저서에 "나는 이렇게 영업 전문가가 됐다"라고 당당히 이야기할 수 있어야 한다.

글을 쓰는 영업자는 흔치 않다. 딱히 영업자가 아니라도 글을 쓰라고 했을 때 바로 술술 써 내려갈 수 있는 사람은 많지 않다. 처음엔 잘 못 쓰는 게 당연하니 먼저 일기 쓰기부터 시작하자. 매일 일기를 쓰다 보면 책을 내고 싶다는 생각이 든다. 나도 일기를 쓰기 시작한 지 5개월쯤 된 시점에 책을 내야겠다는 생각이 들었다. 개인 저서를 쓰는 일은 결코 쉽지 않은 과정이며 기나긴 자기 자신과의 싸움이다. 탈무드에는 사람으로 태어났다면 나무 심기, 자식 낳기, 책 쓰기 이 세 가지는 경험해야 한다는 내용이 있다. 그래서 그런지 사람들의 버킷리스트에는 책 쓰기가 많다.

첫 책이 나오면 대부분 베스트셀러를 꿈꾼다. 인세를 받아 부자가 되고 싶은지도 모르겠다. 하지만 책 팔아서 얼마나 남겠는가? 그보다는 책 한 권을 완성했을 때 그 한 권 분량의 스토리가 온전히 내게 스며들었다는 사실에 만족해야 한다. 영업자에게 그만한 재산은 없다. 내가 쓴 책이 다른 사람의 삶에 영향을 준다고 생각하면, 사명감과 함께 자신 안의 잠들어 있던 거인이 깨어난다. 모든 영업자에게 집필 활동을 통해 자신 안의 잠재력을 깨우라고 추천하고 싶다.

『1인 기업이 갑이다』의 저자이자 1인 창조기업 코치 윤석일 대표는 책을 쓰면서 자신만의 콘텐츠를 개발하라고 강조했다. 나도 그 말에 동의한다. 만약 책을 쓰고자 한다면 다음 지침을 따라보자.

쓰려고 하는 주제에 관련된 책을 최소 20권 이상 완독하고 철저히 분석해서 내 언어로 녹여내야 한다. 본인의 사례가 70퍼센트 이상 담길 수 있도록 자신만의 이야기를 발굴하자. 책을 쓰는 과정은 고통스럽지만 이 창조의 과정 속에서 엄청나게 성장할 수 있다. 영업자라면 책으로 자신의 브랜드를 확고히 할 수 있다.

책을 통해 자신의 이야기를 펼쳐라. 될 사람은 되고 안 될 사람은 안 된다는 말이 있다. 원래 날아다니는 동물은 날개를 가지고 태어났고 뛰어다니는 동물은 다리를 가지고 태어났다. 하지만 사람은 비행기를 만들고 우주선을 만드는 동물이다.

전문가가 책을 쓰는 것이 아니다. 책을 쓰면서 전문가가 되는 것이다. 독자가 아닌 저자가, 청중이 아닌 강사가, 소비자가 아닌 생산자가 되자. 여러분의 인생에서 가장 소중한 시간을 할애해 자신만의 책을 한 권 써보기 바란다.

17

자신만의 잠재력을 깨우는 방법

"인간은 자신이 가진 육체적, 정신적 자원의 극히 일부만을 사용한다. 자신의 한계에 훨씬 못 미치는 삶을 살고 있다."

자신의 강점을 모르는 사람이 대부분이다. 대부분 조직에 몸담고 있기 때문에 어쩔 수 없이 시스템에 종속되어 점점 개성이 옅어진다. 이처럼 타의에 의한 부분도 있지만 사회나 조직이 제공해주는 반복적인 생활과 혜택에 적응해버려 자신만의 무언가를 해보려는 생각조차 않는 이들도 많다. 하지만 영업자는 달라야 한다. 자기계발을 멈추면 영업자로서는 이미 끝난 것과 다름없다. 영업자라면 자신의 타고난 재능과 강점을 파악해 성장시켜야 한다. 영업 성공의 키는 잠재적 고객이 아닌 영업자의 잠재력에 달려 있다.

도널드 클리프턴Donald O. Clifton과 마커스 버킹엄Marcus Buckingham이 함께 쓴 『위대한 나의 발견 강점혁명』에 '스트렝스 파인더'라는 설문이 있다. 긍정심리학에 기초를 둔 이 설문은, 사회적으로 성공했다고 판단되는 약 200만 명의 사람이 지닌 성격적 특성을 기반으로 만들어져서인지 상당히 신뢰도가 높다. 어떠한 동기를 가지고 어떠한 노력을 하는지, 대인 관계 기술은 어떤지, 자기 표현을 통해 상대방에게 끼치는 영향력은 어느 정도인지, 어떻게 생각하고 학습하는지 등 약 180개 문항을 정해진 시간 안에 답하면, 서른네 가지 강점 테마 중 다섯 가지가 추려진다. 이 다섯 가지 강점을 집중적으로 강화하는 것이 가장 효율적인 자기계발이라 말한다.

천재와 범재의 차이는 단지 잠재력을 발견하는 시간의 차이일 뿐이다. 자신의 잠재력을 발견하기 위해서는 뇌를 잘 활용해야 한다. 영업과 마케팅 서적 중에 뇌과학에 기반을 둔 서적들이 많은 이유는 영업 성과를 향상시키는 데 뇌 영역이 지대한 영향을 끼치기 때문이다. 윌리엄 제임스는 말했다.

"인간은 자신이 가진 육체적, 정신적 자원의 극히 일부만을 사용한다. 자신의 한계에 훨씬 못 미치는 삶을 살고 있다."

개인 영업뿐 아니라 조직 단위의 영업을 위해서도 잠재력을 끌어올려야 한다. 당연한 이야기지만 조직은 각 개인이 모여 만들어진다. 각 개인의 역량을 끌어올리는 것이 조직의 역량을 끌어올리는 최고의 방법이다.

시간을 관리할 수 있는 사람은
그 어떤 것도 관리할 수 있다.

- 피터 드러커

18

약속 T(시간) P(장소) O(상황) 4원칙

"시간을 다루는 기술을 배워 고객에게 약속을 판매하라."

강연이 끝나고 Q&A 시간에 누군가 이렇게 질문했다.

"방문하지 말라는 고객에게 다시 방문할 때는 어떻게 하나요?"

나는 예전에 내가 사용한 방법을 그대로 얘기해줬다.

"다시 찾아가 이렇게 말하세요. 선생님, 또 방문해서 죄송합니다. 하지만 어찌 방문하지 않을 수 있겠습니까. 이전과는 다른 모습으로 찾아오겠습니다. 좋게 봐주십시오."

간혹 찾아오지 말라는 고객들이 있을 것이다. 이럴 땐 모 아니면 도다. 절대 먼저 의기소침해질 필요는 없다. 일단 부딪쳐라. 만약 눈앞에 너무나도 마음에 드는, 눈부시게 아름다운 이성이 있다고 가정해보자. 이 사람과 결혼하려면 일단 먼저 밥이라도 먹자고 말해야 하지 않겠는가. 너무 아름답기 때문에 경쟁자가 많을 것 같다며 미리 자신을 낮추고 포기하는 것만큼 바보 같은 짓은 없다. 영업자라면 일단 고객을 설득해야 죽을 쑤든 밥을 먹든 할 수 있다. 밑져야 본전이란 생각으로 그냥 솔직하게 자신이 생각하고 느끼는 그대로를 실천하라. 영업자에게 실천만한 전략은 없다. 고객과의 만남에서 중요한 시간, 장소, 상황의 네 가지 노하우를 알려주겠다.

고객들이 선호하는 시간대를 파악했는가

고객이 선호하는 방문 시간을 파악하는 건 영업의 기본이다. 정기적인 방문 시간을 통보해 고객이 당황하지 않도록 하자. 불시에 방문하면 고객을 만날 확률은 높겠지만 고객이 불쾌할 수 있다. 워낙에 시간이 부족한 고객이 많다. 항상 정중한 말씨로 여유가 되는 시간을 묻고 천천히 약속을 잡아야 한다. 이런 식으로 고객에게 몇 차례 점심식사를 요청하던 어느 날 고객이 먼저 나에게 식사를 제안했다. 수많은 다른 영업자를 제치고 유일하게 나에게만 제안한 것이다. 이만한 기회는 없다. 고객 스스로 시간을 낸 것이니 기회를 놓치지 말고 그 자리에서 약속 날짜를 정해야 한다.

때론 약속 날짜를 먼저 제안하자. 정확한 날짜와 시간이 픽스되는 것만큼 좋은 건 없다. 고객에게 보여줄 자료가 있다면 완벽히 숙지하자. 짧은 만남일지라도 탄탄한 자료와 임팩트 있는 말 한마디면 영업은 성공할 수 있다.

블루오션 시간을 파악했는가

고객의 업종과 해당 업무의 특징을 파악하면 방문 가능한 특정 요일과 시간을 알 수 있다. 이를 '영업 블루오션 시간대'라고 한다. 방문 불가 시간을 알고 있으면 명확히 다른 업무에 집중할 수 있으니 일석이조다. 또한 블루오션 시간대에는 경쟁 업체 영업자가 있을 확률이 적기 때문에 영업에 더 수월하다. 간혹 몇몇 영업자가 있기는 할 테지만 불시에 찾아온 경우가 대부분이라 꾸준히 인사하고 꼼꼼히 자료를 보내온 당신에게 기회가 오게 된다.

하지만 처음에는 고객이 불편하게 생각할 수도 있다. '몇 번 찾아오다 말겠지……'라고 생각하는 고객도 있고 어떤 고객은 "굳이 찾아오지 않으셔도 돼요"라고 말하기도 한다. 하지만 꾸준함에 장사 없다. 나중에는 오히려 고객이 먼저 영업자를 알아보고 인사할 것이다. 고객이 영업자에게 자료를 챙겨줘서 고맙다며 살갑게 다가오는 횟수가 증가할수록 영업자의 실적도 올라간다.

만나기 어려운 고객의 경우

방문 횟수를 늘려 만남의 가능성을 높이는 수밖에 없다. 나는 고객과 오래 만나지 못할지라도 눈이라도 한번 마주치기 위해 노력했다. 그래야 언젠가 약속을 얻어낼 수 있기 때문이다. 이런 방식으로 기회를 잡은 적이 있는데, 1년간 일주일에 세 번씩 찾아가던 고객이었다. 고객 성향상 사무실에 찾아가는 건 실례였고, 업무가 끝나면 정말 빠르게 회사를 빠져나가는 타입이었다. 방문 타이밍을 맞추기가 정말 힘들었고 바쁜 시기에는 한 달 동안 한 번 볼까 말까 할 때도 있었다. 경쟁사 영업자도 고객을 만나기 어렵기는 마찬가지였다. 하지만 현재 그 고객은 나를 완전히 신뢰하고 각 제품별로 자신이 원하는 사양을 얘기해준다.

하나 팁을 주자면 고객들은 시간 약속을 잡을 때 입버릇처럼 "다음에 봐요"라고 말하는 경우가 있는데 그럴 때 바로 "언제 다시 찾아뵐까요?" 혹은 "언제 시간이 가장 편하신가요?"라며 구체적인 시간이나 날짜를 바로 묻는 게 좋다.

계속 방문 약속을 미루는 고객의 경우엔 먼저 스케줄을 파악해 만남이 가능한 날짜 몇 개를 추린 뒤 "혹시 다음 주 화요일이나 다음 달 초 수요일은 괜찮으신가요?"라며 정확한 날짜를 정할 수 있게 구체적으로 제안하도록 하자.

반복적인 만남의 장점

방문 빈도를 높여 자주 찾아가면 분명히 기회가 온다. 나는 기회를 잡기 위해 고객의 블루오션 시간대를 알아내 방문을 시스템화했고 모닝콜과 아침 방문을 꾸준히 실시했다. 모닝콜은 한두 달 하고 말 거라면 아예 시작하지 않는 것이 낫다. 영업자가 한결

같으면 고객은 생각하기 싫어도 이 영업자가 지금 이 시간에 어디에 있는지를 자연스럽게 예측할 수밖에 없다. 지속적인 방문과 맞춤형 제품 설명을 경험한 고객은 제품에 대한 확신이 생겨 마음의 문을 열기 시작한다. 실제로 고객을 만나는 시간은 1분에서 5분 내외다. 이 시간 동안 준비한 메시지를 효과적으로 전달하기 위해서는 고객을 만나러 가는 이동 시간부터 기다리는 시간까지 철저히 계산해서 준비해야 한다. 1분을 위해 한 시간을 준비하고 한 명의 고객을 위해 일주일을 기다리는 것이 영업이다. 1분의 시간이 모여 한 시간이 되고 한 달이 되고 일 년이 된다. 만남 자체의 힘이 쌓이면 영업 성과로 나타날 수밖에 없다. 한 번이라도 방문을 귀찮아하거나 게을리하면 지금까지 쌓아온 기회를 놓칠 수 있다. 항상 지금이 마지막이라는 생각으로 매 순간 최고의 성과를 달성하기 위해 최선을 다해야 한다. 나는 이 책을 읽으면 돈을 더 벌 수 있다고 말하는 게 아니다. 누구나 성공 시스템을 만들 수 있고 그 방법을 만들어나간 사례를 설명하고 있다.

자신 있게 말할 수 있는 건 성공한 1%의 영업자들은 절대 운이 좋아서 성공한 게 아니라는 점이다. 운은 돌고 돌기 때문에 운만으로는 성공했다가도 금세 무너진다. 그렇기 때문에 꾸준한 성공의 궤도에 오르기 위해서는 지속적으로 성장 발전하는 시스템이 필요한 것이다. 영업자 스스로 시스템을 만들어 일하지 않으면 성공하기 어렵다.

또한 당신이 영업 조직을 운영하는 리더라면 그 조직만의 영업 시스템을 만들어야 한다. 동시에 구성원들도 리더십을 발휘할 수 있도록 해야 한다.

영업자는 소비한 돈보다 더 큰 활용 가치를 고객에게 돌려줄 수 있어야 한다. 고객의 시간을 귀한 시간으로 만들어줘야 성공할 수 있다.

실행이 시스템이고 시스템이 전략이다. 최고의 비즈니스 전략서 중 하나인 『실행에 집중하라』의 저자 래리 보시디Larry Bossidy는 "실행이란 목적과 방법을 검토하고 의문을 제기하며 끈기 있게 추진함으로써 책임 관계를 명확히 하는 체계적이고 엄격한 프로세스"라고 말했다.

고객을 방문하는 전략적 시간대를 확보하여 실행하는 전략은 매우 중요한 영업 시스템이다. 일단 고객을 만나야 고객이 왜 경쟁사의 제품을 쓰고 자사의 제품을 쓰지 않는지 알 수 있다. 시간을 다루는 기술을 배워 고객에게 약속을 판매하라.

나타나야 할 시간과 장소에
자신을 드러내는 것,
그것만으로도 세일즈의 80%는
이미 보증받은 것이나 다름없다.

— 브라이언 트레이시

19

약속의 미학

"본디 영업의 성공 요인은 외부가 아닌 자기 자신이 가지고 있다는 것을 명심해야 한다."

난 아버지에게 영업을 배웠는지도 모르겠다. 아버지는 CJ가 제일제당이었던 시절부터 도매 총판을 하셨고 내가 태어나기 전에는 전국을 돌아다니며 다양한 판매직에 종사하셨다. 내가 초등학교에 입학한 뒤엔 대학생이 될 때까지 제주에서 김 가공 공장을 운영하셨다. 김 장사로 날 키운 셈이다. 소규모 식품 가공업이라 생산자가 직접 품질 관리부터 회계, 판매까지 모든 과정을 도맡아야 했지만 꼼꼼한 성격 덕에 척척 잘 해내셨다. 나는 직접 주문을 받아 김 박스를 봉고차에 싣고 거래처로 배달 가는 아버지를 따라다녔기 때문에 자연스레 모르는 사람을 만나는 일에 익숙해졌다. 아버지의 영업 방식은 성실함 그 자체였다. 매일 10시 이전에 주무셔서 새벽 4시 반에 일어나 조깅으로 하루를 시작한 뒤 거래처를 방문하는 패턴을 30년 동안 하루도 거르지 않으셨다.

거래처에 반품이 있거나 급하게 물건이 떨어져서 주문이 들어오는 날이면 낮이고 밤이고 비바람이 쏟아지건 눈보라가 휘몰

아치건 즉시 신속하게 배달했다. 지금 생각해보면 아버지는 정말 많은 거래처와 거래했다. 제주 현지에서 판매하는 김이라는 장점을 살려 거래처에 더 빠르게 김을 공급했다. 김으로 가장 유명한 완도에서 직접 원료를 골라 가공했으니 품질은 단연 좋았다. 수시로 완도를 오가며 김 원료를 선별하고, 밥상에서도 김의 상태를 보려고 머리 위로 김을 들어 빛에 비춰보던 아버지가 떠오른다. 아버지의 제품에 만족한 거래처들은 다른 거래처를 소개시켜 줬다. 또한 각종 모임에도 빠지지 않았고, 약속은 칼 같이 지켰으며, 늘 청렴결백의 상징 같은 태도를 고수했기 때문에 거래처와 생산량은 점점 더 늘어났다. 아버지는 심지어 경쟁사들과도 상당히 친하게 지냈다. 좁은 제주도 바닥에서 서로 치열하게 경쟁해 봐야 큰 이득이 없음을 잘 알고 있었기 때문이었다. 지금도 당시 경쟁사 김 공장 사장님과 친구 사이다.

 아버지 특유의 성실함과 신뢰감 덕분에 김 공장은 번창했다. 주문량이 많아 직원들이 쉬는 주말에는 가족 모두가 달려들어 일을 도왔다. 어떤 일에도 좀처럼 불평하지 않는 성격은 우리 집안 내력이다. 이런 아버지에게 어찌 배우지 않을 수 있겠는가. 내 영업의 기저에는 아버지가 있다. 부지런히 움직이고 약속을 소중히 하고, 단골 고객들이 만족하도록 제품에 믿음을 주고, 신속하게 응대하는 아버지의 영업을 벤치마킹한 것이다.

영업을 하다 힘이 들 때면 아버지에게 조언을 구한다. 아버지는 내가 좌절할 때마다 언제나 이렇게 말씀하셨다.

"모든 게 네 뜻대로 되는 법이 어디 있겠냐?"

구체적으로 무언가를 설명해주지는 않으시지만 아버지의 말을 들으면 왠지 위로가 되고 현재의 고난이 별것 아닌 것처럼 느껴진다.

어릴 적 아버지는 내게 이렇다 할 훈육을 하지는 않으셨지만 몸소 보여주신 모습이 곧 훈육이었다. 특히나 약속을 소중히 하는 태도는 아버지로부터 가장 많이 보고 배운 습관이다. 나는 무슨 일이 있어도 약속을 어기지 않는다. 혹시나 시간이 맞지 않거나 피치 못할 상황이라면 언제나 미리 고객에게 양해를 구하고, 만약 연락이 안 되면 어떻게든 쪽지라도 남기고 온다. 고객과의 약속은 영업자가 지키지 않으면 이루어지지 않는다. 약속은 곧 신뢰의 문제고 영업자로서 스스로를 지키는 문제이기도 하다. 고객은 제품이나 서비스 이전에 사람을 우선으로 본다. 나라는 사람을 어떻게 평가하느냐에 따른 신뢰가 판매 성과로 직결된다. 본디 영업 성공의 요인은 외부가 아닌 자기 자신이 가지고 있다는 것을 명심해야 한다.

20
1%의 영업자가 되려는 당신에게

"진정한 영업자가 되고 싶다면 1%의 영업자들의 기술에 자신만의 영혼을 담아 울림 있는 영업을 할 수 있어야 한다. 그러기 위해서는 자신의 영혼의 울림부터 느껴야 한다. 당신은 진정 마음의 울림을 들어본 적이 있는가?"

현재 나는 미국계 보험사에서 금융 영업을 함과 동시에 영업자를 코칭하는 영업 멘탈 코치이자 심心테크 메신저로 활동하며 1인 기업가로서 나 자신을 영업하고 있다. 원래는 예순 살이 되면 그간 쌓아온 지식과 경험을 사람들에게 나누며 살려고 했다. 하지만 딱히 그때까지 기다릴 필요가 없다는 걸 깨달았을 때쯤 회사에 대규모 인력 감축이 있었고 나는 이때가 아니면 안 되겠다 싶어 즉시 희망퇴직을 신청했다. 대부분의 고액 연봉자들은 회사에서 제공하는 혜택이 많기 때문에 나가려 하지 않는 상황이었고 나 또한 10년 정도는 더 일할 수 있는 입장이었지만 영업 메신저가 되기로 한 꿈을 키워나가고 있던 찰나이기도 했고 꿈을 준비하는 과정을 생각하면 굳이 회사를 더 다닐 필요가 없다는 확신도 있었다. 집필도 어느 정도 끝나가고 있던 시기여서 과감히 일 년치의 연봉을 손에 쥔 채 제 발로 걸어 나왔다. 이제는 회사 없이 스스로를 세상에 증명해야 한다. 자유로운 날개를 달고 날아오를 기대감에 기분이 좋았고 주변 사람들의 응

원을 받으며 또 다른 세계로의 출정을 시작했다. 직장에 있든 개인 사업을 하든 원하는 인생을 사는 게 중요하다. 지금 이 순간에도 아무런 영혼 없이 영업하는 영업자에게는 당장 그만두라고 얘기해주고 싶다. 실제로 영업자 중에는 허송세월하며 시간을 날리는 사람도 많다. 그것이 여유라고 생각하면서 태만한 삶을 살아간다.

백만장자 메신저 브렌든 버처드Brendon Burchard는 대학생 때 자동차 사고를 당했다. 친구와 차를 타고 가다가 급커브 길에서 속도를 줄이지 못해 가드레일을 들이받고 난간으로 굴러떨어졌다. 그는 친구 얼굴에 흐르는 선명한 핏자국을 보고 큰 충격을 받았다. 다행히 목숨은 건졌지만 그날의 선명한 기억 때문에 언제라도 죽을 수 있다는 생각이 들었고, 이를 계기로 삶의 진정한 이유를 찾아가기 시작했다고 한다.

그는 원래 유명 글로벌 전략 컨설팅 회사에서 고액 연봉을 받으며 근무했지만 사고 이후 자신의 이야기를 전하며 사람들에게 삶의 동기를 부여하는 일을 하기로 결심했다. 그의 저서 『메신저가 되라』에는 경험과 지식을 나누며 평생 성장하는 법과 메신저로서 제품을 팔기 위해 지켜야 할 원칙들이 담겨 있다.

이제 누구에게나 영업력이 필요한 세상이다. 나는 내 영업 경험을 바탕으로 다른 영업자의 성공을 돕고 싶다. 나를 필요로

하는 사람을 위해 나의 시간을 가치 있게 쓰는 것이 영업의 본질이라고 생각하기 때문이다. 타인의 삶을 도우면서 영업자로서의 목적도 지켜나가려 한다. 차후에는 사람들에게 긍정적인 영향을 주고 사회를 적극적으로 개선시키는 기업을 만들겠다는 원대한 꿈도 있다.

많은 영업자들이 진실하게 자신의 삶과 영업 목표를 정하고 자신의 지식과 성공 경험을 사용해 가치 있는 영업을 하려고 한다. 노하우를 바탕으로 열정과 신념을 지속하면서 성과를 쌓아나가고 있다. 과정은 힘들겠지만 긍정적인 멘탈로 어려운 시간을 더 큰 성공으로 눈부시게 바꿀 거라 믿어 의심치 않는다. 나는 이제까지의 성공 경험을 바탕으로 제2의 삶을 향해 도약하려 한다. 진정한 영업자라면 고객의 마음속으로 들어가 돈보다 제품이 더 가치 있다고 느끼도록 만들어야 한다. 영업력은 피나는 노력을 통해 완성되는 힘이며, 전쟁터 같은 치열한 영업 현장에서 판매를 성사시키는 노하우다. 진정한 영업자가 되고 싶다면 1%의 영업자들의 기술에 자신만의 영혼을 담아 울림 있는 영업을 할 수 있어야 한다. 그러기 위해서는 자신의 영혼의 울림부터 느껴야 한다. 당신은 진정 마음의 울림을 들어본 적이 있는가?

| 에필로그 |

영혼을 가꾸는 영업자만이
성공의 꽃을 피울 수 있다

　5년 전, 10년 전에는 상상도 할 수 없던 영업법이 개발되고 있는 만큼 비즈니스 기회도 팝콘처럼 튀어 오르고 있습니다. 끊임없이 배우지 않는 영업자는 도태될 수밖에 없으며 시대의 변화에 맞춰 성장하는 영업자만이 살아남을 수 있습니다. 그렇기 때문에 영업자에게는 성실함이 요구됩니다. 전 세계 부자들이 공통적으로 말하는 성공 원리에 빠지지 않는 덕목은 꾸준한 성실함입니다. 하지만 치열하게 영업하다 보면 부정적인 생각에 빠져버리기가 쉽습니다. 언제나 정원을 가꾸듯 자신의 마음을 돌보며 영혼을 긍정적으로 가꾸는 영업자만이 성공의 꽃을 피울 수 있습니다.

영업자는 끊임없이 활동하는 사람입니다. 구슬이 서 말이라도 꿰어야 보배인 것처럼 영업자에게 가장 중요한 역량은 실행력입니다. 몸과 마음은 하나로 연결되어 있기 때문에 지속적인 실행을 위해서는 정신적인 에너지가 뒷받침되어야 합니다. 그래서 영업자에게는 끝없는 자기 수양이 필요하지요. 실패를 딛고 오뚝이처럼 일어나 반복적으로 실행하는 영업자만이 성공의 반열에 오릅니다. 실패는 다시 시작하라는 말과 같습니다. 인생에도 영업에도 실패는 없습니다. 그저 피드백을 받고 다시 도전하는 과제만이 남아 있을 뿐입니다. 아인슈타인도 상대성 이론을 완벽하게 증명하기까지는 10년 이상의 연구가 필요했다고 합니다. 그의 위대함이 천재적 직관보다는 집요하게 매달린 실행력에 있었듯이 영업자로서의 성공도 마찬가지인 것입니다.

경력자들의 조언과 자신의 경험, 그리고 독서를 통해 자신만의 노하우를 쌓아나가야 합니다. 자동차, 보험, 제약 등 대표적인 3대 영업만 보더라도 각각의 영역에서 요구하는 지식이 다릅니다. 유능한 영업자와 그렇지 않은 영업자의 차이는 가르쳐준 것만 아느냐 혹은 지식을 바탕으로 가르쳐준 것 이상의 것을 개발하느냐에 달렸습니다. 모든 것은 성과가 말해줍니다. 지식만 쌓아놓고 실천하지 않으면 아무런 소용도 없겠지요. 또한 단순히 노하우만으로도 성공할 수는 없습니다. 영업자에게 고객을 만나 설득하는 과정만큼 역동적인 실천은 없습니다. 고객에게 영업하는 순간만이 진실이며 오직 그곳에만 성공으로 향하는 길이 있습니다.

저는 여전히 사람들 앞에 설 때면 저의 모든 것을 불태운다는 마음으로 최선을 다합니다. 눈물을 흘릴 때도 있고, 청중을 눈물 나게 할 때도 있습니다. 이 모든 진심은 저의 실제 경험으로부터 나옵니다. 저는 제 성취의 이야기를 팔고 있는 것입니다. 심장을 울리는 경험을 품고 영업해야 고객과 설레는 마음으로 마주할 수 있습니다. 책에서 못다 한 이야기는 강연을 통해 독자와 청중에게 더욱 생생하게 들려주고 싶습니다. 제가 경험하며 부딪치고 깨지면서 배운 이 지혜가 독자 여러분에게 도움이 된다면 더 큰 기쁨은 없을 것입니다. 여러분도 영업자로서 심장 뛰는 내일을 만들어나가시길 기원합니다.

| 참고도서 |

『판매의 심리학』 브라이언 트레이시, 비즈니스맵, 2008
『세일즈, 불황을 이기는 기술』 조영근, 삶과지식, 2016
『채근담, 돈이 아닌 사람을 번다』 신동준, 위즈덤하우스, 2013
『팔지 마라 사게 하라』 장문정, 쌤앤파커스, 2013
『부자들의 생각법』 하노 벡, 갤리온, 2013
『굿워크』 E. F. 슈마허, 느린걸음, 2011
『위대한 나의 발견 강점 혁명』 마커스 버킹엄 등저, 청림출판, 2013
『설득의 심리학』 로버트 치알디니, 21세기북스, 2013
『진심을 팔아라』 지그 지글러, 큰나무, 2013
『지면서 이기는 관계술』 이태혁, 위즈덤하우스, 2013
『절대 실패하지 않는 성공 시스템』 클레멘트 스톤, 서른세개의계단, 2012
『세일즈를 말하다:금융편』 이재철, 양봉호, 최영 공저, 황금부엉이, 2014
『영업의 고수는 무엇이 어떻게 다른가』 마이클 달튼 존슨 편, 갈매나무, 2014
『생각하라! 그러면 부자가 되리라』 나폴레온 힐, 국일미디어, 2011
『실행에 집중하라』 래리 보시디, 램 차란 공저, 21세기북스, 2004
『데미안』 헤르만 헤세, 민음사, 2000
『전략적 세일즈』 브라이언 트레이시, 비즈토크북, 2012
『1인 기업이 갑이다』 윤석일, 북포스, 2013
『메신저가 되라』 브렌든 버처드, 리더스북, 2012
「쇼핑호스트의 목소리가 소비자 행위에 미치는 영향에 관한 연구」 장문정, 중앙대학교, 2011
『주역周易』
『서경書經』

백만 번의 거절에서 배운 영업의 정수
1%의 영업자

초판 1쇄 인쇄 2016년 7월 25일
초판 3쇄 발행 2021년 11월 15일

지은이 조영근
펴낸이 김선식

경영총괄 김은영
디자인 황정민 **책임마케터** 최혜령
콘텐츠사업4팀장 김대한 **콘텐츠사업4팀** 황정민, 임소연, 박혜원, 옥다애
마케팅본부장 이주화 **마케팅1팀** 최혜령, 박지수, 오서영
미디어홍보본부장 정명찬 **홍보팀** 안지혜, 김민정, 이소영, 김은지, 박재연, 오수미, 이예주
뉴미디어팀 허지호, 임유나, 송희진 **리드카펫팀** 김선욱, 염아라, 김혜원, 이수인, 석찬미, 백지은
저작권팀 한승빈, 김재원 **편집관리팀** 조세현, 백설희
경영관리본부 하미선, 박상민, 김민아, 윤이경, 이소희, 김소영, 이우철, 김혜진, 김재경, 오지영, 최완규, 이지우

펴낸곳 다산북스 **출판등록** 2005년 12월 23일 제313-2005-00277호
주소 경기도 파주시 회동길 490 다산북스 파주사옥 3층
전화 02-702-1724 **팩스** 02-703-2219 **이메일** dasanbooks@dasanbooks.com
홈페이지 www.dasanbooks.com **블로그** blog.naver.com/dasan_books
종이·출력·제본 갑우문화사

ⓒ 2016, 조영근
ISBN 979-11-306-0916-4 (13320)

• 책값은 뒤표지에 있습니다.
• 파본은 구입하신 서점에서 교환해드립니다.
• 이 책은 저작권법에 의하여 보호를 받는 저작물이므로 무단 전재와 복제를 금합니다.

다산북스(DASANBOOKS)는 독자 여러분의 책에 관한 아이디어와 원고 투고를 기쁜 마음으로 기다리고 있습니다. 책 출간을 원하는 아이디어가 있으신 분은 이메일 dasanbooks@dasanbooks.com 또는 다산북스 홈페이지 '원고투고'란으로 간단한 개요와 취지, 연락처 등을 보내주세요. 머뭇거리지 말고 문을 두드리세요.